쓰면서 바로 배우는
초등 한국사 경필쓰기

한국사 어휘력과 문해력을 높이는 우리 역사 56장면 경필쓰기

글 한문희 | 그림 이윤정

도서출판 하다께

⊙ 어린이 여러분에게 ⊙

역사는 암기과목이라고만 생각하면 어렵게 느껴질 수도 있어요. 하지만 역사 속에는 흥미진진한 이야기와 다양한 인물들의 삶이 담겨 있답니다. 마치 한 편의 재미있는 소설처럼, 한 시대를 살아간 사람들의 흔적을 따라가다 보면 역사 속 사건들이 자연스럽게 머릿속에 자리 잡게 돼요.

그런데 어린이 여러분! 외우지 않아도 저절로 기억할 수 있는 특별한 역사 공부법이 있어요. 바로 '한국사 글쓰기'예요.

한국사의 중요한 사건들을 하나씩 살펴보면서 어휘와 문장을 또박또박 써 내려가다 보면 신기하게도 한국사가 머릿속에 쏙쏙 들어온답니다. 이 과정에서 역사의 흐름을 이해하는 힘도 길러지고, 스스로 생각하면서 배우는 즐거움도 느낄 수 있어요.

특히 경필쓰기는 집중력과 인내력을 키워 주는 아주 좋은 방법이에요. 꾸준히 글씨를 쓰는 습관이 생기면, 공부를 방해하는 나쁜 유혹에도 흔들리지 않고 자신만의 학습 태도를 기를 수 있답니다.

이 책에는 여러분이 역사 공부를 더욱 재미있게 할 수 있도록 흥미로운 한국사 상식과 간략한 연표도 담겨 있어요. 매일 조금씩 한국사 경필쓰기를 하면서 한국사 속 주인공이 되어 보는 건 어떨까요? 어느새 역사 지식이 풍부해지고, 어휘력과 문해력까지 쑥쑥 자라날 거예요!

자, 그럼 이제 신나는 역사 속으로 함께 떠나 볼까요?

저자 한문희

⊙ 아이를 사랑하는 부모님께 ⊙

　이 책은 어린이들이 재미있고 자연스럽게 한국사를 배울 수 있도록 돕기 위해 만들어졌습니다. 하지만 이 책을 만드는 과정에서, 한국사 교육이 어린이들뿐만 아니라 부모님께도 중요한 이유를 다시 한 번 깊이 고민하게 되었습니다.

　우리 사회가 겪고 있는 여러 어려운 문제들 중엔 역사 의식이 부족한 것에서 비롯된 것들이 많습니다. 예를 들면, 역사적 사실에 대한 왜곡, 지나치게 단기적인 관점에 의한 갈등, 그리고 미래를 준비하는 과정에서 역사적 교훈을 놓치고 있는 점 등이 그것이지요. 우리가 역사를 제대로 배우지 않고, 그 의미를 되새기지 않는다면 같은 실수를 반복하게 될 뿐만 아니라, 오늘을 살아가는 우리의 아이들이 역사적 사고의 힘을 잃어버리게 됩니다.

　오늘날엔 많은 사람들이 역사 공부를 그저 시험을 위한 암기과목으로만 여기는 경향이 있습니다. 그러나 역사 공부는 그저 과거의 사실을 외우는 것이 아니라, 우리 삶에 어떤 교훈을 줄 수 있는지에 대해 깊이 생각하고, 그것을 통해 더 나은 미래를 만들어 가는 과정이어야 합니다. 아이들이 역사 속 인물들을 살펴보며, 왜 그들이 그런 선택을 했고, 그로 인해 어떤 결과가 일어났는지 배우는 것은 중요한 교육적 가치가 있습니다. 바로 그 점이 이 책을 만들게 된 이유입니다.

　부모님들께서는 자녀들에게 역사에 대한 정확한 이해와 그 중요성을 알리는 데 큰 역할을 하실 수 있습니다. 이 책은 그 첫 걸음을 돕기 위한 도구입니다. 아이들이 역사 속에서 많은 교훈을 얻고, 그 교훈을 바탕으로 자신만의 생각을 형성해 가는 과정은 단지 지식의 축적에 그치지 않고, 사회적 책임감을 느끼고, 더 나은 인생으로 살아가는 데 큰 도움을 줄 것입니다.

　이 책이 어린이들에게 역사 공부의 즐거움과 의미를 전달하는 동시에, 부모님께서도 자녀와 함께 역사를 돌아보고, 그 속에서 현재를 살아가는 데 필요한 교훈을 찾는 계기가 되기를 바랍니다. 여러분의 자녀가 역사 속에서 진정한 주인공이 될 수 있도록 함께 힘써 주세요.

　감사합니다.

저자 한문희

⊙ 추천사 ⊙

자연스럽게 한국사의 흐름을 익히는 어린이 지침서
역사 공부는 재미있습니다. 세상을 움직인 사건들, 그 변화를 이끈 사람들…. 이런 이야기에 빠져들다 보면 우리는 어느새 오늘을 더 잘 알게 되고, 미래를 살아갈 지혜를 얻게 됩니다. 그런데 요즘의 청소년들은 역사 공부가 어렵다고 생각합니다. 왜일까요? 아무래도 낯선 역사 용어들이 많이 나오기 때문일 겁니다. 과거엔 익숙한 말이었지만, 시대가 변하며 생소해진 것이지요. 그러니 역사 용어를 이해하는 것은 우리 역사를 공부하는 데에 꼭 필요한 일입니다. 〈쓰면서 바로 배우는 한국사 경필쓰기〉는 한국사의 많은 사건 중 어린이들이 알아야 할 중요한 사건만 가려 뽑아 짧고 쉬운 문장으로 서술한 책입니다. 한국사의 핵심을 관통하는 사건들을 따라가며 자연스레 우리 역사의 전체 흐름을 파악하고, 문장을 따라 쓰며 역사 용어의 의미도 쉽게 익힐 수 있도록 구성되어 있습니다. 이를 통해 어휘력, 문해력, 집중력도 높일 수 있겠지요. 아이들이 한국사에 흥미를 갖고, 우리나라의 현재와 미래를 바라보는 안목을 기르는 데 이 책이 훌륭한 도우미 역할을 하리라 생각합니다.

**(전) 국사편찬위원회 편사연구관, 서울시 역사도시위원회 위원장,
〈조선의 가족, 천 개의 표정〉 저자 이순구**

한국사를 꿰뚫는 핵심만 담은 단 하나의 책!
이 책은 한국사의 주요 개념을 따라 쓰며 자연스럽게 익히도록 구성되어 있어 초등학생 친구들에게 꼭 권하고 싶어요.
고전 연구로 오랜 신뢰를 받아온 한문희 선생님이 집필하신 책이라, 문장 하나하나가 알차고 매끄럽습니다.
좋은 문장을 따라 쓰는 과정에서 문장력은 물론, 한국사에 대한 흥미와 즐거움도 함께 자라날 거예요.

(전) 박물관 큐레이터 / (현) 독서논술학원 원장 원모아

⊙ 이 책을 공부하는 방법 ⊙

  1 초등학생이 한눈에 우리 역사를 알 수 있도록 고대부터 현대까지 한국사의 56가지 중요한 사건을 뽑았습니다.

2 초등학생이 이해할 수 있도록 쉽게 서술하였으며, 삽화와 예화를 곁들여 우리 역사에 흥미를 갖도록 꾸몄습니다.

 3 이 책을 따라 매일매일 '경필쓰기'를 하다 보면 글씨도 예뻐지고 인내력, 집중력, 이해력이 향상되어 공부에 큰 도움이 됩니다.

4 맞춤법과 띄어쓰기는 국립국어원의 〈표준국어대사전〉을 기준으로 삼았습니다.

● 알아두기 ●
연도를 굳이 외울 필요는 없어요.
글을 또박또박 써 보아요.

차례

- 어린이 여러분에게 ········· 02
- 아이를 사랑하는 부모님께 ········· 03
- 추천사 ········· 04
- 이 책을 공부하는 방법 ········· 05

⊙ 고대~삼국 시대

- 1. 단군과 고조선 건국 ········· 12
- 2. 고주몽의 고구려 건국 ········· 14
- 3. 박혁거세의 신라 건국 ········· 16
- 4. 백제의 건국과 성장 ········· 18
- 5. 고구려 광개토대왕의 영토 개척 ········· 20
- 6. 신라 이차돈의 순교와 불교의 공인 ········· 22
- 7. 신라의 대가야 정벌 ········· 24
- 8. 당나라의 고구려 침공과 안시성 전투 ········· 26
- 9. 황산벌 전투와 백제의 멸망 ········· 28
- 10. 신라 문무왕의 대당항쟁 ········· 30
- 11. 대조영의 발해 건국 ········· 32
- 12. 신라 장보고의 청해진 설치 ········· 34
- 13. 후삼국의 성립 ········· 36
- ● 알아 두면 쓸모 있는 한국사 상식 ········· 38

고려 시대

14. 왕건의 고려 건국	42
15. 광종의 노비안검법 실시	44
16. 과거제도 실시	46
17. 강감찬 장군의 귀주 대첩	48
18. 묘청의 서경천도운동	50
19. 김부식의 《삼국사기》 편찬	52
20. 무신 정권의 수립	54
21. 망이·망소이의 난	56
22. 몽고의 침략	58
23. 일연의 《삼국유사》 편찬	60
24. 공민왕의 개혁 정치와 신돈	62
● 알아 두면 쓸모 있는 한국사 상식	64

조선 시대

25. 이성계의 조선 건국	68
26. 세종대왕의 훈민정음 창제	70
27. 임진왜란의 발발	72
28. 이순신 장군의 한산도 대첩	74
29. 대동법의 시행	76
30. 정묘호란, 병자호란	78
31. 상평통보 발행	80
32. 영조의 즉위와 탕평책의 실시	82
33. 정조 즉위와 화성 축성	84
34. 신유박해	86
35. 새로운 학문 실학의 대두	88
36. 홍경래의 난	90
37. 고종의 즉위와 흥선대원군의 집권	92
38. 신미양요	94
39. 운요호 사건과 조선의 개국	96
40. 임오군란	98
41. 동학 농민 운동	100
42. 갑오개혁	102
43. 을미사변	104
44. 독립 협회의 설립	106
● 알아 두면 쓸모 있는 한국사 상식	108

⊙ 대한제국~현대

45. 을사조약 ······ 112
46. 헤이그 밀사 파견과 국채보상운동 ······ 114
47. 안중근 의사의 의거 ······ 116
48. 일제의 국권 침탈 ······ 118
49. 3·1운동 ······ 120
50. 독립운동 ······ 122
51. 8·15광복 ······ 124
52. 남과 북의 분열과 6·25전쟁 ······ 126
53. 4·19혁명 ······ 128
54. 5·16군사정변 ······ 130
55. 5·18 민주화 운동과 6월 민주 항쟁 ······ 132
56. 한국의 발전과 평화통일을 위한 노력 ······ 134
- 알아 두면 쓸모 있는 한국사 상식 ······ 136

⊙ 한눈에 보는 한국사 연표 ······ 138

고대~삼국 시대

단군이 처음으로 고조선을 세우고, 부여·삼한 등 여러 나라가 나타났다가 사라졌어요. 북쪽 땅에는 고구려, 남쪽 땅에는 백제와 신라가 세워져서 삼국이 됐어요. 이를 삼국 시대라고 해요. 삼국은 신라에 의해 하나로 통일됐고, 백두산 북쪽 땅에서는 발해가 일어났어요. 통일신라는 다시 후삼국으로 갈라졌어요.

한반도와 만주 신석기 시작	우리나라 최초의 국가 고조선 건국	청동기 문화 시작
BC 8000년경	BC 2333년 건국	BC 1000년경

1. 단군과 고조선 건국

차시(　　월　　일)

　하늘의 신인 환인의 아들 환웅이 바람, 구름, 비를 다스리는 3명의 신하와 3,000명의 무리를 데리고 이 땅에 내려왔다고 해요. 환웅은 널리 사람을 이롭게 하려는 생각으로 세상을 다스렸어요. 어느 날 환웅은 사람이 되기를 원하는 곰과 호랑이에게 동굴 속에서 100일 동안 쑥과 산마늘만 먹으며 견디라고 했어요. 성격이 급한 호랑이는 그만 참지 못하여 뛰쳐나왔어요. 참을성이 많은 곰은 마침내 사람이 되어 환웅과 결혼했는데, 둘 사이에서 **단군왕검**이 태어났어요. 기원전 2333년에 단군왕검은 고조선을 세웠어요. 이 이야기는 **단군신화**로 알려져 있어요.

　고조선은 한반도 북쪽과 만주 땅에 우리 민족이 만든 최초의 고대 국가예요. 고조선은 **8조항으로 된 법률**을 펴서 나라를 다스렸고, 이어서 위만이 와서 고조선의 준왕을 몰아내고 왕위를 차지했어요. 고조선은 기원전 107년 무렵에 중국 한나라에게 멸망했어요.

[인물과 역사 어휘]
- **단군왕검**: 고조선을 건국한 우리 민족 최초의 임금. 왕검은 정치 지도자라는 뜻.
- **신화**: 예로부터 전해오는 신성한 이야기.
- **8조항으로 된 법률(8조법)**: 고조선 때의 법률. 총 8개의 조항 중 3개 조항만 전해짐. ① 사람을 죽인 자는 사형에 처한다. ② 남에게 상해를 입힌 자는 곡물로써 배상한다. ③ 남의 물건을 훔친 자는 데려다 노비로 삼으며, 속죄하고자 하는 자는 1인당 50만 전을 내야 한다.

- 기원전 2333년에 단군왕검은 고조선을 세웠어요.

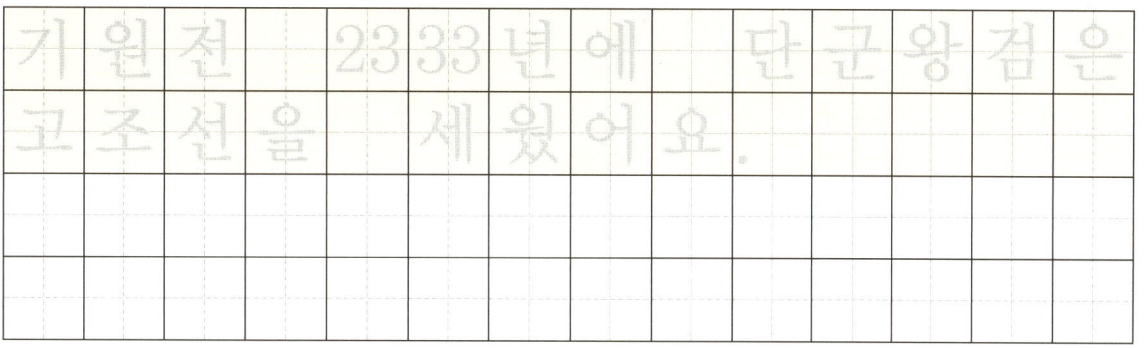

- 곰과 호랑이는 100일 동안 쑥과 산마늘만 먹으며 견뎌야 했어요.

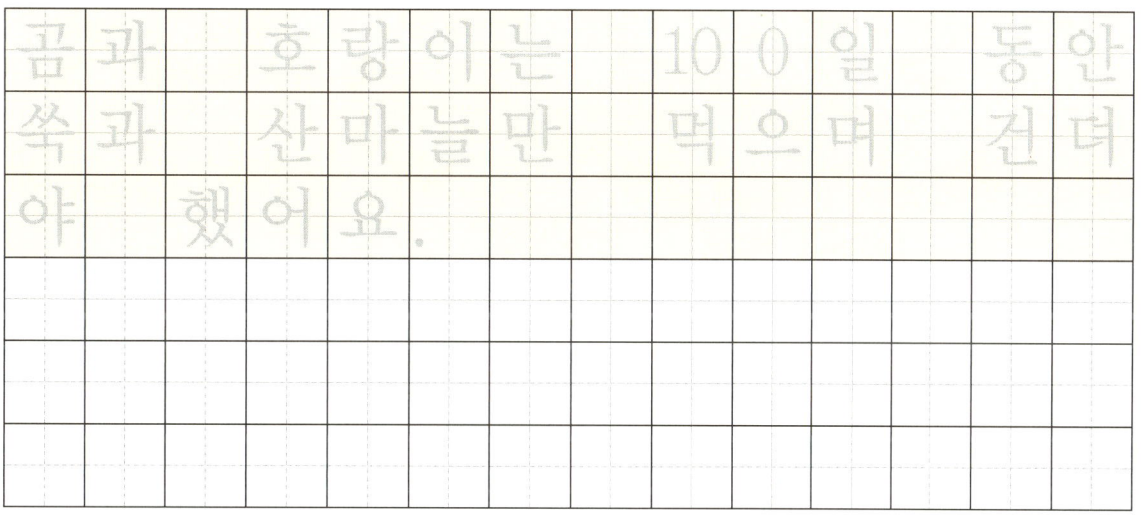

- 고조선은 한반도 북쪽과 만주 땅에 우리 민족이 만든 최초의 고대 국가예요.

부여 건국	고주몽의 고구려 건국	고구려, 동옥저 병합
BC 200년경	BC 37년	56년

2. 고주몽의 고구려 건국   차시(월   일)

고조선이 사라지고 한참을 지나, **기원**˙전 37년에 고주몽이 고구려를 세웠어요. 주몽은 활을 잘 쏘는 사람이라는 뜻이에요. 설화에 의하면, 고주몽은 하늘의 자손인 해모수와 강을 다스리는 신인 하백의 딸 유화 부인 사이에서 알로 태어났다고 해요. **부여**˙의 **금와왕**˙이 유화 부인과 고주몽을 돌봐주었지요.

그런데 자라서 어른이 된 고주몽은 활도 잘 쏘고 재주가 뛰어나서 부여의 태자와 여러 왕자가 고주몽을 시기하고 죽이려고 했어요. 고주몽은 하는 수 없이 그들을 피해 오이, 마리, 협보 등 부하들과 함께 남쪽으로 내려왔어요. 이때 군사들이 쫓아오는데 강에 가로막히자 고주몽이 하늘에 빌었어요. 그러자 물고기와 자라가 나타나서 다리를 만들어 건널 수 있었다고 해요.

고주몽은 백두산 근처의 졸본을 근거지로 고구려를 세웠어요. 고구려는 '높은 고을'이라는 뜻이에요. 고구려의 초대 왕이었던 고주몽은 죽은 후 동명성왕으로 불렸어요.

[인물과 역사 어휘]
- **기원**: 우리나라는 과거 단군기원(기원전 2333년)을 사용했으나, 현재 예수 탄생을 기준으로 한 서력기원을 사용함. 예수 탄생 이전은 기원전(B.C.). 이후는 기원후(A.D.)
- **부여**: 기원전 1세기 무렵에 부여족이 북만주 일대에 세운 나라.
- **금와왕**: 부여의 왕(기원전 60년~기원전 20년)

| 고구려, 진대법 실시 | 고구려, 낙랑군과 대방군 점령 | 백제의 공격. 고구려 고국원왕 전사 |
| 194년 | 313년 | 371년 |

● 주몽은 활을 잘 쏘는 사람이라는 뜻이에요.

● 고주몽은 해모수와 하백의 딸 유화 부인 사이에서 알로 태어났다고 해요.

● 부여를 떠난 고주몽은 백두산 근처의 졸본을 근거지로 고구려를 세웠어요.

진한의 사로국이 경주에 자리 잡음	**박혁거세의 신라 건국**	신라 내물 마립간이 제17대 왕위에 오름
BC 100년경	**BC 57년**	356년

3. 박혁거세의 신라 건국

차시(　　월　　일)

　신라는 박혁거세가 기원전 57년에 세운 고대 국가로서 '새로워지다' 또는 '주변 나라를 널리 아우른다'라는 뜻이에요. 서라벌, 계림이라고도 불렸어요.

　건국 신화에 의하면, 서라벌(지금의 경주) **나정** 곁의 숲 사이에 말 한 마리가 무릎을 꿇고 울고 있었는데, 사람들이 가보니 갑자기 말은 보이지 않고 큰 알이 있어서 깨뜨리자 한 아이가 나왔다고 해요. 당시 이 땅은 고조선 유민들이 모인 6부족이 연합해서 다스리고 있었는데, 이 아이가 자라자 6부족의 떠받듦을 받아서 신라의 **시조**가 됐어요. 박혁거세로 대표되는 북방에서 온 **기마 세력**이 기마술과 철기를 바탕으로 이 땅에 살고 있던 6부족의 지지를 얻어 나라를 세웠다는 뜻이에요. 신라 최초의 왕이 된 박혁거세는 알영과 결혼해서 3명의 아들과 2명의 딸을 낳았어요.

[인물과 역사 어휘]

- **건국 신화**: 나라를 세운 데에 관한 신비로운 이야기.
- **나정**: 경주 탑동에 있는 신라 시대의 우물터.
- **시조**: 한 나라 또는 한 집안의 맨 처음이 되는 조상.
- **기마 세력**: 말을 타고 활동하는 생활을 중심으로 한 세력. 주로 유목, 수렵, 교역 등을 함.

지증왕, 국호 변경(신라) 503년　　신라, 우산국(울릉도) 정복 512년　　법흥왕, 율령 반포 및 공복 제정 520년

● 신라는 박혁거세가 세운 고대 국가입니다.

● 신라는 '새로워지다' 또는 '주변 나라를 널리 아우른다'라는 뜻이에요.

● 박혁거세는 6부족의 떠받듦을 받아서 신라의 시조가 됐어요.

고대~삼국 시대

고려 시대

조선 시대

대한제국~현대

마한이 한강, 충청도, 전라도에 자리 잡음	온조의 백제 건국	백제, 신라 간 나제동맹 성립
BC 200년경	BC 18년	433년

4. 백제의 건국과 성장

차시(월   일)

　백제는 한강 유역과 한반도 서남부에 위치한 고대 국가예요. 지금의 경기도 일부와 충청도, 전라도 지역이에요. 동명성왕이 부여에 있을 때 예씨 부인과 사이에서 낳은 아들 유리가 있었는데, 그가 찾아오자 왕이 유리를 고구려의 태자로 삼았어요. 그러자 동명성왕이 고구려에 와 왕비로 삼은 소서노와 그 사이에서 낳은 두 아들, 비류와 온조 형제는 고구려를 떠나 함께 남쪽으로 내려왔지요. 그중 **온조** 세력이 한강 유역을 기반으로 점차 힘을 키우고 영향력이 확대되어 백제를 세웠어요. 백제라는 이름에는 '많은 물을 건넜다'라는 뜻이 있지요.

　백제는 건국 후 고구려, 신라와 다투면서도 중국과 활발히 교류했어요. 또 일본에는 불교와 유교의 문화와 앞선 기술을 전해 주는 등 국제 관계에도 적극적이었어요. 백제는 처음에 한강 근처인 위례성을 수도로 정했다가 점차 남쪽으로 내려와 공주(**웅진**)와 부여(**사비**)로 수도를 옮겼어요.

[인물과 역사 어휘]
- **온조**: 백제의 시조. 기원전 18세기에 위례성을 수도로 정해 나라를 세우고, 기원후 9년에는 마한을 정복하면서 국토를 확장함.
- **웅진**: 백제가 남쪽으로 내려와 공주에 세운 수도. '곰나루'라고도 불림.
- **사비**: 백제가 멸망할 때까지의 수도. 지금의 부여.

백제, 웅진 천도	백제 동성왕, 탐라국(제주도) 공격	백제, 사비성 천도
475년	498년	538년

● 소서노와 두 아들인 비류와 온조 형제는 함께 남쪽으로 내려왔어요.

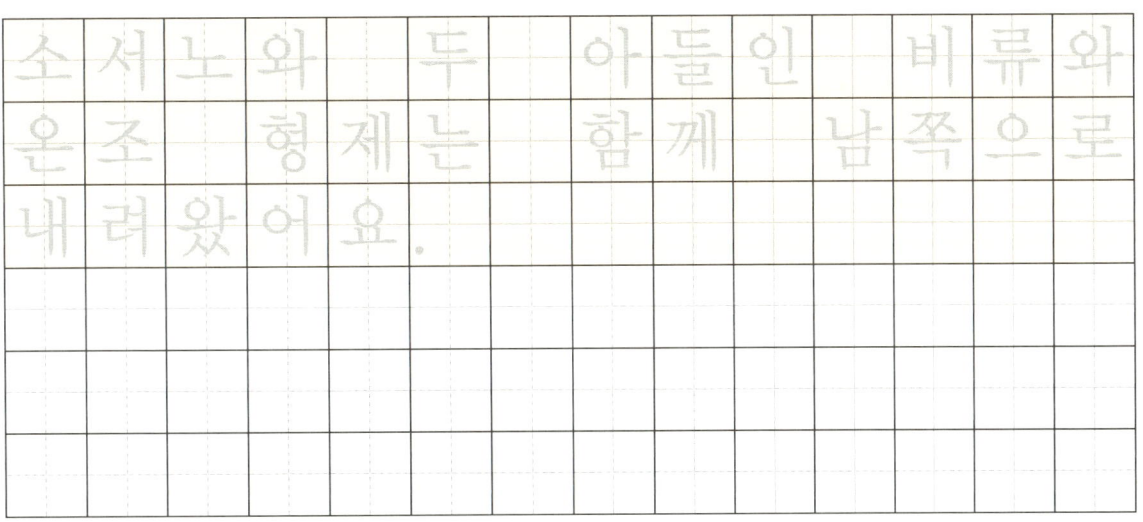

● 백제라는 이름에는 '많은 물을 건넜다'라는 뜻이 있어요.

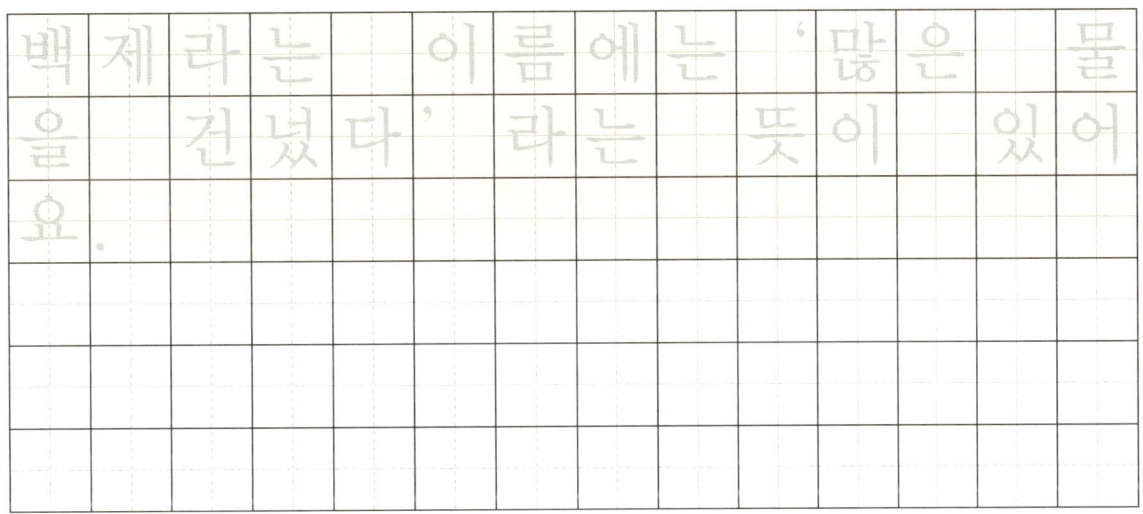

● 고구려, 신라와 다투면서도 중국과 활발히 교류했어요.

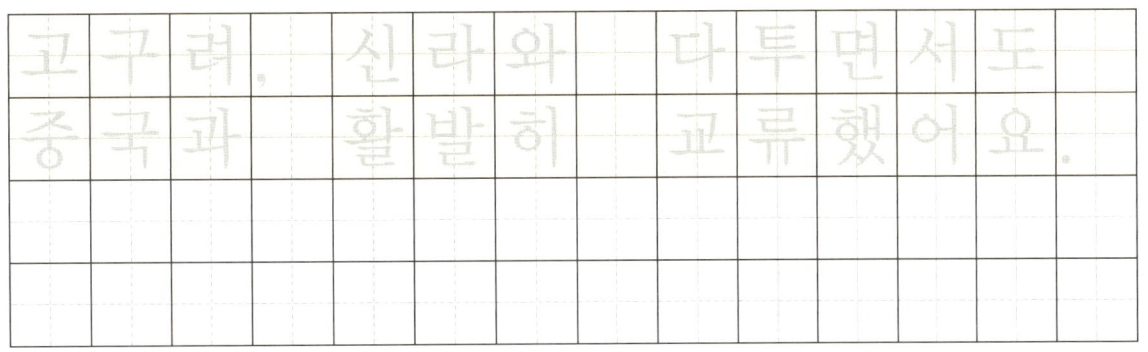

광개토대왕, 신라에 구원병 출병	장수왕, 광개토대왕릉비 건립	고구려, 평양 천도
400년	414년	427년

5. 고구려 광개토대왕의 영토 개척

차시(월   일)

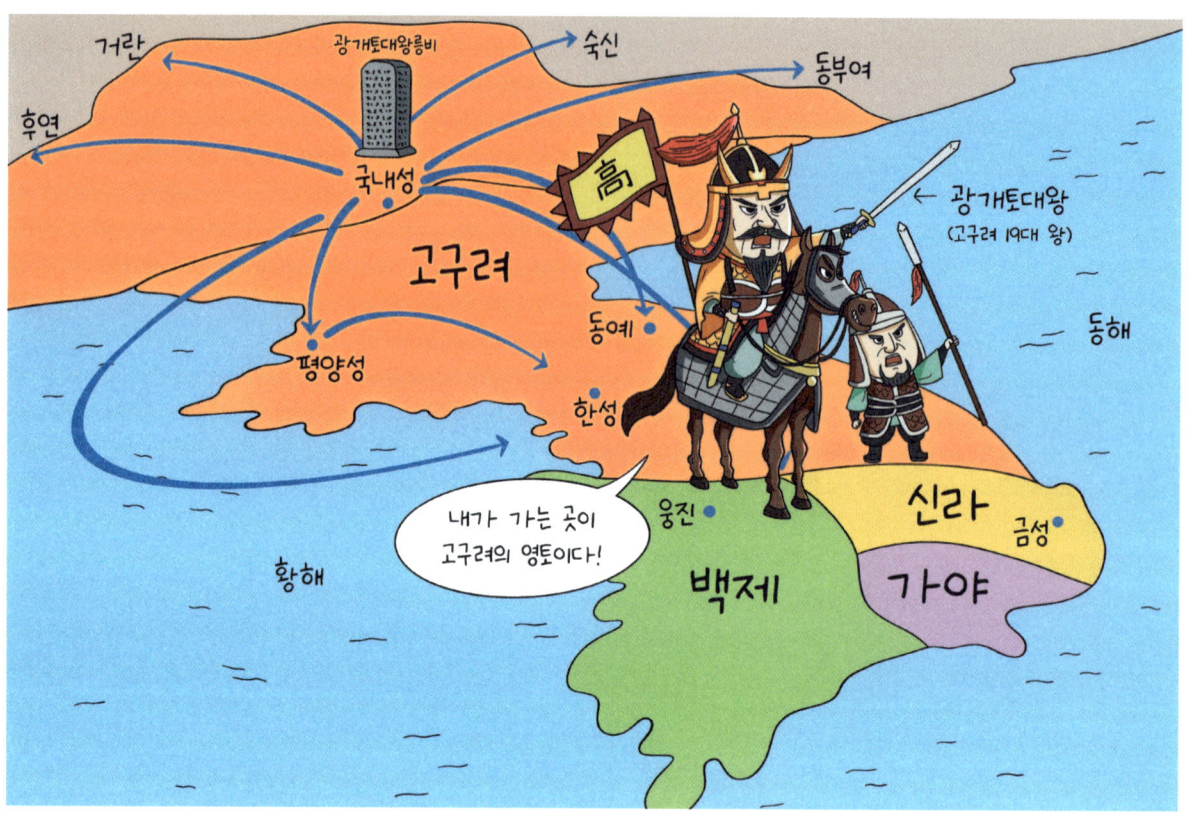

광개토대왕은 고구려의 제19대 왕으로 이름은 담덕이에요. 그는 **소수림왕** 때의 정치적 안정을 바탕으로 고구려 최대의 영토를 개척한 왕으로 유명해요. 광개토대왕은 나면서부터 체격이 크고 생각이 대범했다고 해요.

그는 19세에 왕위에 올라 39세에 죽기까지 많은 업적을 쌓았어요. 특히 전쟁 전술에 뛰어나 넓은 영토를 개척한 것으로 알려져 있어요. 남쪽으로 백제를 쳐서 항복시키고, 북쪽으로는 **유목 세력**을 쳐서 굴복시켰어요. 또한 백제와 왜가 신라를 공격하자 대군을 보내서 왜군을 물리쳤어요. 영토를 크게 넓힘으로써 고구려의 전성기를 열었어요.

광개토대왕 때 고구려는 동아시아의 강대국으로 성장할 수 있었어요. 광개토대왕의 아들인 **장수왕**은 만주 길림성 집안에 아버지의 업적을 기리는 비석을 세웠어요. 광개토대왕릉비로 알려진 이 비석에는 고대사의 비밀을 알려 주는 내용이 많이 새겨져 있어요.

[인물과 역사 어휘]
- **소수림왕**: 고구려의 제17대 왕(371년~384년). 불교 수용, 교육기관 태학 설립, 율령 반포 등 초기 국가의 기반을 마련.
- **유목 세력**: 북방에서 양, 말 등을 기르는 등 목축에 종사하는 세력.
- **장수왕**: 고구려 제20대 왕. 광개토대왕의 아들로, 97세까지 살았으며, 남진 정책을 펴서 신라와 백제를 공격함.

장수왕, 백제 공격 (한성 함락)	고구려, 부여 정복	수나라 문제, 고구려 1차 침입
475년	494년	598년

● 광개토대왕은 고구려 19대 왕으로 이름은 담덕이에요.

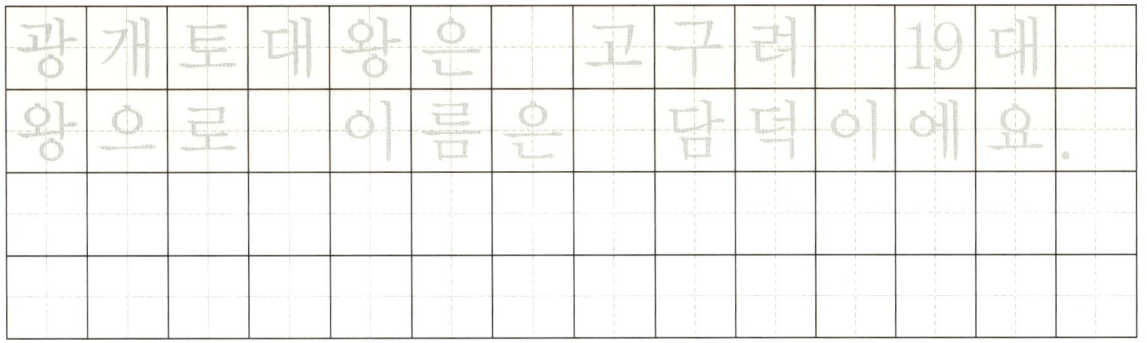

● 남쪽으로 백제를 쳐서 항복시키고, 북쪽으로는 유목 세력을 쳐서 굴복시켰어요.

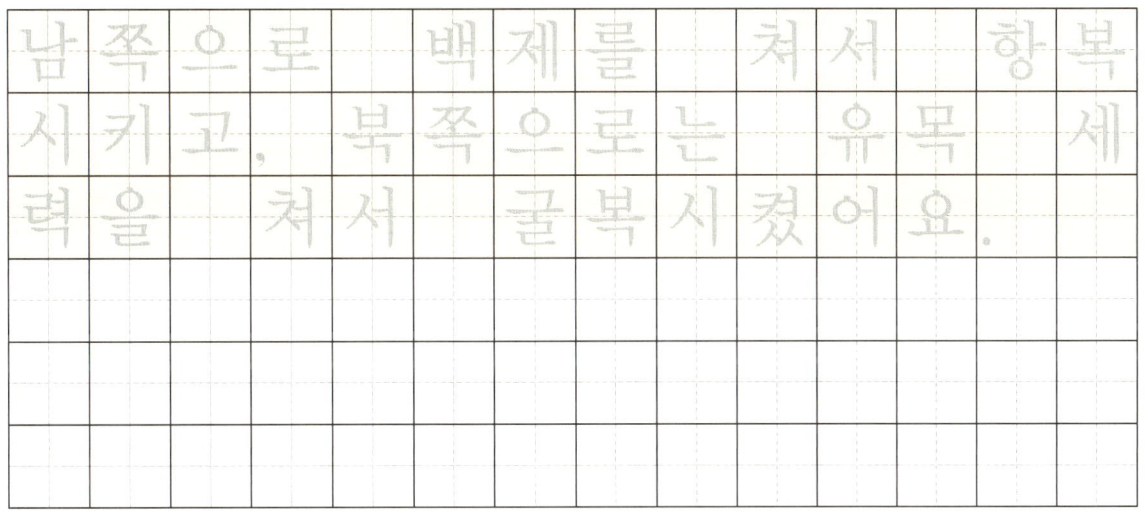

● 장수왕은 만주 길림성 집안에 아버지의 업적을 기리는 커다란 비석을 세웠어요.

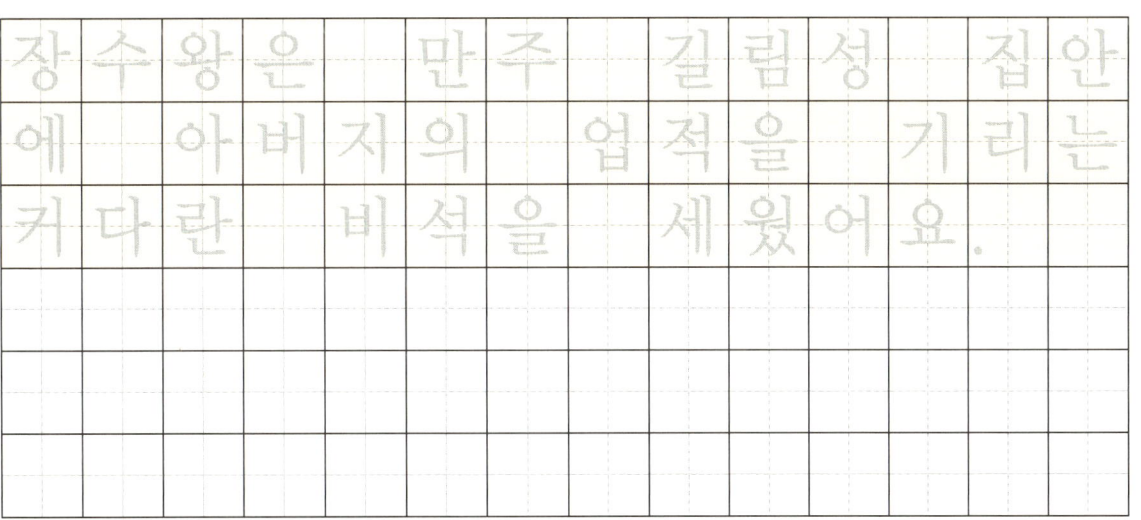

6. 신라 이차돈의 순교와 불교의 공인

차시(월   일)

　이차돈은 신라 제23대 법흥왕 때 불교 **순교자**로 실제 이름은 염촉이에요. 이차돈은 그의 **법명**이에요. 당시 하늘 신을 믿고 있던 귀족들은 외국에서 들어온 불교를 강하게 거부했어요. 그러자 왕을 옆에서 돕는 벼슬인 사인을 맡고 있던 이차돈이 나서서 법흥왕에게 "저의 목을 베십시오. 그러면 신비한 기적이 나타나 불교를 믿게 될 것입니다."라고 했어요. 마침내 그의 목을 치자 붉은 피 대신에 흰 젖이 한 길(사람의 키 정도)이나 솟구쳐 올랐고 하늘이 컴컴해지면서 온 땅이 흔들리며 꽃비가 내렸다고 해요.

　이차돈의 순교로 불교가 **공인**되어 나라 안에 널리 퍼졌어요. 국립경주박물관에는 이때의 모습을 조각한 '이차돈 순교비'(818년)가 전시되어 있어요. 신라는 불교를 중심으로 정치와 사회가 통합되어 제24대 **진흥왕** 때에 나라가 번성했고, 삼국통일의 기반을 마련하게 됐어요. 고구려와 백제에서도 불교가 중요한 종교로 자리 잡았어요.

[인물과 역사 어휘]
- **순교자**: 자기가 믿는 신앙을 지키기 위하여 목숨을 바치는 사람.
- **법명**: 승려가 되는 사람에게 절에서 지어 주는 이름.
- **공인**: 국가나 단체에서 어느 행위나 물건을 인정함.
- **진흥왕**: 신라의 제24대 왕(540~576). 불교를 독실하게 믿었고, 한강 유역과 함경도까지 영토를 확장함.

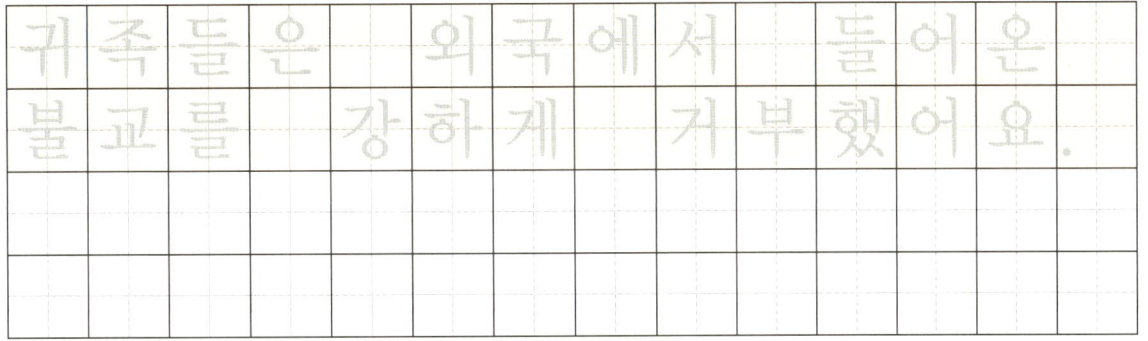

● 귀족들은 외국에서 들어온 불교를 강하게 거부했어요.

● 이차돈의 순교로 불교가 공인되어 나라 안에 널리 퍼졌어요.

● 불교가 정치와 사회를 통합시키면서 진흥왕 때에 삼국통일의 기반을 마련했어요.

신라 진흥왕, 한강 유역 차지	**신라, 대가야 정벌**	선덕여왕 즉위, 첨성대 건립
553년	**562년**	632년

7. 신라의 대가야 정벌

차시(월   일)

　낙동강 아래쪽 지역에는 가야라는 여섯 나라가 있었어요. 가야의 뿌리는 고대의 마한, 진한, 변한의 삼한 중 변한 세력에서 시작됐어요. 가야라는 말은 그들이 뾰족 모자를 쓰고 다닌 데서 유래한다고도 하고, 강을 뜻하는 가람에서 유래한다고도 해요.

　가야의 건국과 관련해서는 **구지가**와 6개의 알 신화가 전해져요. 기원전 42년에 9명의 간(추장)이 이 지역을 다스렸는데, 구지봉에 모여서 "거북아 거북아 머리를 내어놓아라. 만일 내어놓지 않으면 구워 먹으리라."라는 '구지가'를 부르자 하늘에서 알 6개가 내려왔다고 해요. 그중 한 알에서 깨어난 이가 김수로왕이며, 나머지 5개의 알에서도 아이가 태어나 5개 가야소국의 왕이 됐다고 해요. 김수로왕은 후에 인도에서 온 **허황옥**과 결혼해요.

　가야 전기에는 김해시의 금관국이, 후기에는 고령군의 반파국(대가야)이 가야를 이끌었어요. 철기 문화가 발달해서, 가야의 유적지에선 수많은 철제 유물이 발견되기도 했죠. 가야는 562년에 신라 **이사부** 장군이 이끄는 신라군에게 멸망했어요.

[인물과 역사 어휘]
- **구지가**: 왕을 내려 줄 것을 기원하는 고대 가요. 〈삼국유사〉에 수록.
- **허황옥**: 금관가야의 시조인 김수로왕의 왕후. 인도 아유타국 출신.
- **이사부**: 신라 지증왕~진흥왕 때의 장군.

- 가야의 건국과 관련해서는 구지가와 6개의 알 신화가 전해져요.

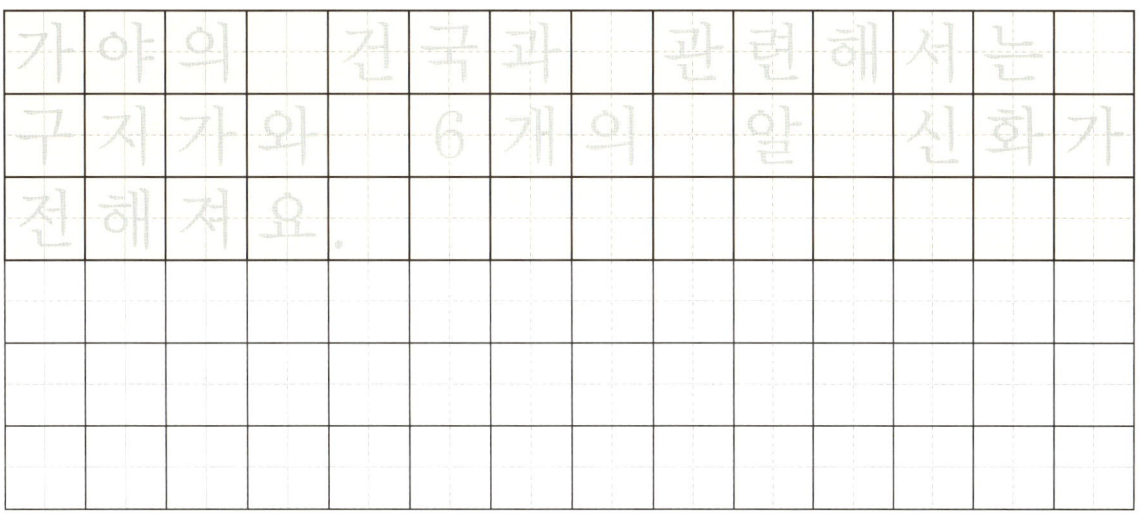

- "거북아 거북아 머리를 내어놓아라. 만일 내어놓지 않으면 구워 먹으리라."

- 가야는 562년에 신라 이사부 장군이 이끄는 신라군에게 멸망했어요.

수나라 양제, 고구려 2차 침입	당나라 태종, 고구려 침입(안시성 전투)	신라 김춘추, 당과 동맹관계 수립
612년	**645년**	648년

8. 당나라의 고구려 침공과 안시성 전투

차시(월   일)

　중국을 통일한 수나라는 고구려가 강성해지자 고구려 제26대 영양왕 때 모두 네 차례나 고구려를 침공했어요. 최후에는 고구려의 **을지문덕** 장군이 수나라 30만 군대를 고구려 깊숙이 유인해서 청천강 일대의 살수에서 크게 이겼어요. 이를 **살수대첩**이라고 해요.

　고구려를 치다가 나라의 힘이 빠져 수나라가 멸망하자 중국에서는 당나라가 세워졌어요. 당나라도 '고구려에 본때를 보여 줘야지!' 하고 고구려를 침공했어요. 당나라 **태종**은 직접 30만 명의 대군을 이끌고 요하를 건너서 고구려를 침공했어요.

　당나라 군대는 안시성을 공격할 때 성 밑으로 땅굴을 파거나 흙산을 쌓아 공격했는데, 안시성의 성주 양만춘은 군사들과 백성들을 이끌고 성을 튼튼히 지키며 당나라 군대의 공격을 잘 막아 냈어요. 마지막에는 흰 화살로 당나라 태종의 한쪽 눈을 맞추자 마침내 더 이상 싸울 의욕을 잃은 당나라 군대가 물러갔어요.

[인물과 역사 어휘]
- **을지문덕**: 고구려의 대신이자 장군. 지략, 무술, 글쓰기에 능했음.
- **살수대첩**: 을지문덕 장군이 수나라 군대를 유인하여 크게 이긴 싸움. 고려 귀주 대첩, 조선 한산도대첩과 함께 3대 대첩으로 불림.
- **당나라 태종**: 당나라 제2대 황제. 이름은 이세민. 뛰어난 정치가이자 전략가로, 당나라의 최고 전성기를 이끎.

고구려 멸망	신라 문무왕, 대당항쟁	신라, 삼국통일 완성
668년	675년	676년

● 을지문덕은 살수에서 수나라 군대를 크게 이겼어요.

을	지	문	덕	은		살	수	에	서		수	나	라
군	대	를		크	게		이	겼	어	요	.		

● 당나라 태종은 직접 대군을 이끌고 요하를 건너서 고구려를 침공했어요.

당	나	라		태	종	은		직	접		대	군	을
이	끌	고		요	하	를		건	너	서		고	구
려	를		침	공	했	어	요	.					

● 안시성의 성주 양만춘은 성을 튼튼히 지키며 당나라 군대의 공격을 물리쳤어요.

안	시	성	의		성	주		양	만	춘	은		성
을		튼	튼	히		지	키	며		당	나	라	
군	대	의		공	격	을		물	리	쳤	어	요	.

고대~삼국 시대

고려 시대

조선 시대

대한제국~현대

9. 황산벌 전투와 백제의 멸망

차시(월 일)

　660년에 지금의 충남 논산시 황산벌에서 백제의 **계백** 장군이 이끄는 5000명의 **결사대**와 신라의 **김유신** 장군이 이끄는 5만 명의 군대가 맞붙은 싸움이에요.

　계백 장군은 싸움에 나가기 전에 스스로 사랑하는 처와 자식을 죽여서 죽음을 각오했어요. 이 전투에서 백제군은 10배나 많은 신라군을 상대로 죽음도 두렵지 않은 듯 용감하게 싸웠어요. 신라군이 백제군에게 연이어 패배하자 나이가 어린 **화랑 관창**이 나와서 백제군에게 돌진했어요. 계백 장군은 처음에는 사로잡힌 관창을 살려서 돌려보냈어요. 그의 용맹함을 높이 산 거예요. 그런데 관창이 계속 덤벼 오자 세 번째에는 어쩔 수 없이 죽였어요.

　그 이후에도 신라군은 끈질기게 백제를 공격했고, 마침내 계백의 백제군을 무너뜨렸어요. 백제는 신라군과 당나라군에게 양쪽에서 공격을 받아 사비성이 무너져 멸망했어요. 이때 의자왕을 비롯한 많은 귀족과 백성들이 당나라로 끌려갔어요.

[인물과 역사 어휘]
- **계백**: 백제의 장군.
- **김유신**: 삼국통일을 이룬 신라의 장군.
- **관창**: 신라의 화랑 중 한 사람.
- **결사대**: 죽기를 각오한 군대.
- **화랑**: 신라 때 청소년 무인 집단의 지도자.

고구려 멸망　　　신라 문무왕, 대당항쟁　　　신라, 삼국통일 완성
668년　　　　　675년　　　　　676년

● 계백 장군이 이끄는 5000명의 결사대가 황산벌에서 신라군과 맞붙은 싸움이에요.

● 화랑 관창이 용맹하게 백제군에게 돌진했어요.

● 백제가 멸망하고 의자왕을 비롯한 많은 귀족과 백성들이 당나라로 끌려갔어요.

10. 신라 문무왕의 대당항쟁

차시(월   일)

　문무왕은 신라 제30대 왕으로, 아버지는 **태종무열왕**인 김춘추이고 어머니는 김유신의 여동생인 **문명왕후**예요. 당시 당나라는 신라와 합세하여 백제와 고구려를 연이어 침공해서 무너뜨렸어요. 그러고는 백제와 고구려 땅을 자기의 영토로 만들려는 못된 욕심을 부렸어요. 당나라는 백제 땅에는 웅진도독부, 고구려 땅에는 안동도호부를 설치해서 다스리려고 했어요. 심지어 신라 땅에는 계림대도독부를 두려고 했어요. 그러자 문무왕은 고구려, 백제의 **유민**들과 힘을 합쳐 당나라를 이 땅에서 몰아내고 삼국통일을 이룩했어요.

　당나라는 당시 최강의 나라였는데, 이런 외국 세력에 의지해서 삼국을 통일하려던 생각이 얼마나 위험한 것인가를 알게 하는 사건이에요. 문무왕은 삼국통일을 이룬 뒤에 자신이 죽어서도 용이 되어 나라를 지키겠다고 했어요. 그게 경주 앞바다의 문무대왕릉이에요.

[인물과 역사 어휘]
- **태종무열왕**: 신라의 제29대 왕. 이름은 김춘추. 율령을 정비하고, 당나라와 연합하여 백제를 멸망시키고 삼국통일의 기반을 닦음.
- **문명왕후**: 태종무열왕의 왕비. 이름은 문희. 김유신의 여동생.
- **유민**: 망하여 없어진 나라의 백성 또는 일정한 거처 없이 이리저리 떠돌아다니는 백성.

신라 신문왕, 국학 설립	신라 신문왕, 지방제도 9주 5소경 완성	신라 설총, 이두 정리
682년	685년	696년

● 신라와 당나라는 함께 백제와 고구려를 무너뜨렸어요.

신라와 당나라는 함께 백제와 고구려를 무너뜨렸어요.

● 당나라는 백제 땅에는 웅진도독부, 고구려 땅에는 안동도호부를 설치했어요.

당나라는 백제 땅에는 웅진도독부, 고구려 땅에는 안동도호부를 설치했어요.

● 문무왕은 고구려, 백제의 유민들과 힘을 합쳐 당나라를 이 땅에서 몰아냈어요.

문무왕은 고구려, 백제의 유민들과 힘을 합쳐 당나라를 이 땅에서 몰아냈어요.

11. 대조영의 발해 건국

차시(월   일)

   대조영은 고구려 출신으로 발해를 건국한 초대 왕이에요. 당나라는 668년에 고구려를 멸망시킨 후 고구려 유민들을 나라 밖으로 강제로 옮겨 살게 했어요. 그러나 고구려 옛 땅인 요동 지역에는 여전히 많은 고구려 유민이 살고 있었어요. 고구려인 외에도 **거란인**, **말갈인** 등 여러 민족이 섞여 살았지요. 그런 가운데 당나라의 가혹한 통치가 계속되자 이에 저항하는 일이 잦았어요.

   이때 대조영은 고구려와 말갈 세력을 모아서 **동모산**을 수도로 정하고 698년에 발해를 세웠어요. 처음에는 나라 이름을 진이라고 했다가 발해로 바꿨어요. 발해는 문명이 발달하여 9세기에는 해동성국으로 불릴 정도였어요. '바다 동쪽의 성대한 나라'라는 뜻이에요. 그러다 거란의 침공을 받고 926년에 멸망했어요.

[인물과 역사 어휘]
- **거란인**: 중국 동북지역에서 일어난 민족. 요나라 건국 세력.
- **말갈인**: 만주와 한반도 북부에서 활동한 여진족. 금나라와 청나라 건국 세력.
- **동모산**: 지금의 중국 길림성 돈화 지역으로 추정.

발해, 상경 용천부로 수도 이전	발해 선왕 즉위(전성기)	거란 침입. 발해 멸망
756년	818년	926년

● 고구려 옛 땅인 요동 지역에는 여전히 많은 고구려 유민이 살고 있었어요.

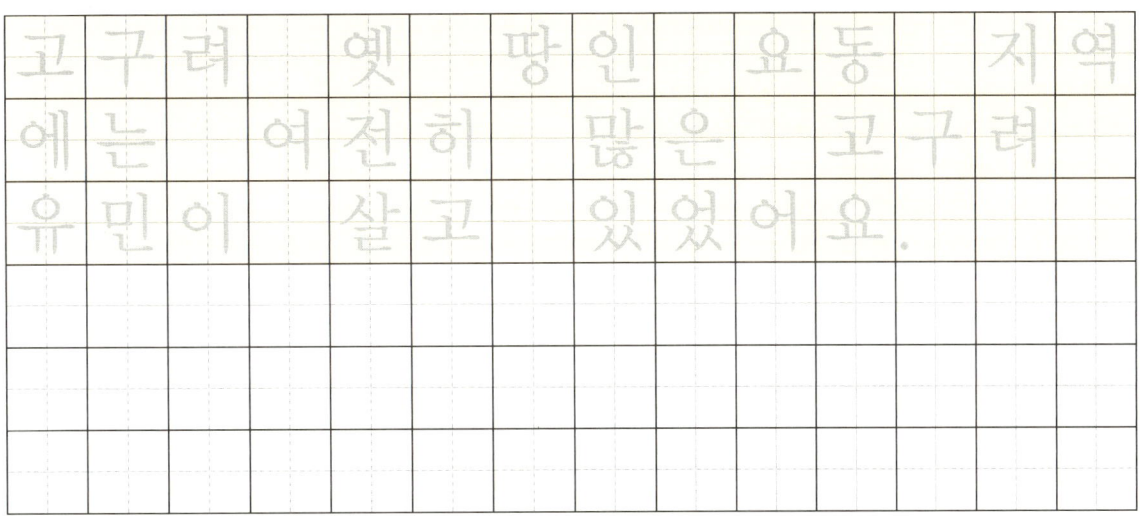

● 대조영은 고구려와 말갈 세력을 모아 동모산을 수도로 정하고 발해를 세웠어요.

● 발해는 문명이 발달하여 9세기에는 해동성국으로 불렸어요.

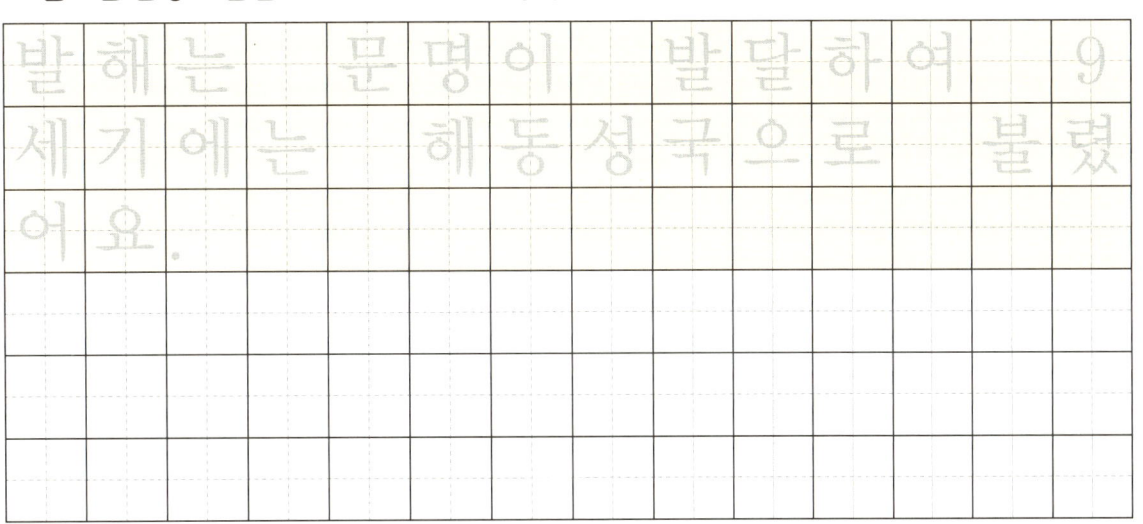

12. 신라 장보고의 청해진 설치

차시(월   일)

장보고는 통일신라 후반 무렵에 신라 청해진(지금의 완도)을 근거지로 중국 당나라와 일본을 상대로 해상무역을 활발히 한 인물이에요. 장보고의 원래 이름은 궁복 또는 궁파라고 했는데, 활을 잘 쏘는 사람이라는 뜻이에요. 장보고는 완도 근처 바닷가 출신인데 당나라로 건너가 무인으로 출세했어요. 신라로 돌아와서는 청해진을 근거로 **해적***들을 모두 소탕하며 신라, 당나라, 일본 사이에서 삼국 간 무역을 주도하여 **해상왕***으로 불렸어요.

장보고는 중국 산둥성에 동상이 세워져 있고, 일본에도 그의 초상이 모셔져 있는 절이 여러 군데 있을 만큼 국제적 인물이에요. 그러나 세력이 커지자, 신라 왕실의 권력 다툼에 깊숙이 관여했어요. **신무왕***이 왕위에 오르는 데 공을 쌓고 그의 딸을 왕비로 세우려고 했다가 끝내는 부하인 염장에게 846년에 암살당했어요.

[인물과 역사 어휘]
- **해적**: 배를 타고 다니면서, 다른 배나 해안 지방을 습격하여 재물을 빼앗는 강도.
- **해상왕**: 바닷길을 안전하게 지키고 당나라, 일본 간 무역을 주도하여 붙여진 이름.
- **신무왕**: 신라의 제45대 왕. 장보고, 김양 등의 도움으로 839년에 민애왕을 죽이고 왕이 됐으나, 수개월 뒤에 병으로 사망.

신라 최치원, 당나라 과거 급제　　　신라 향가《삼대목》편찬　　　신라 원종애노의 난
874년　　　　　　　　　　　888년　　　　　　　　　889년

● 장보고는 신라 후반에 청해진을 근거지로 해상무역을 활발히 한 인물이에요.

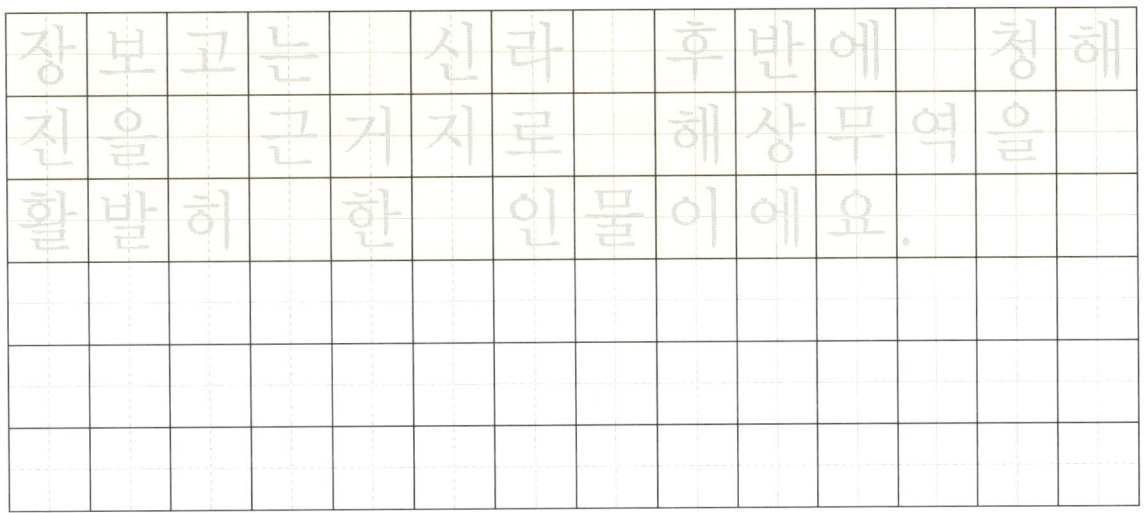

● 장보고는 당나라로 건너가 무인으로 출세했어요.

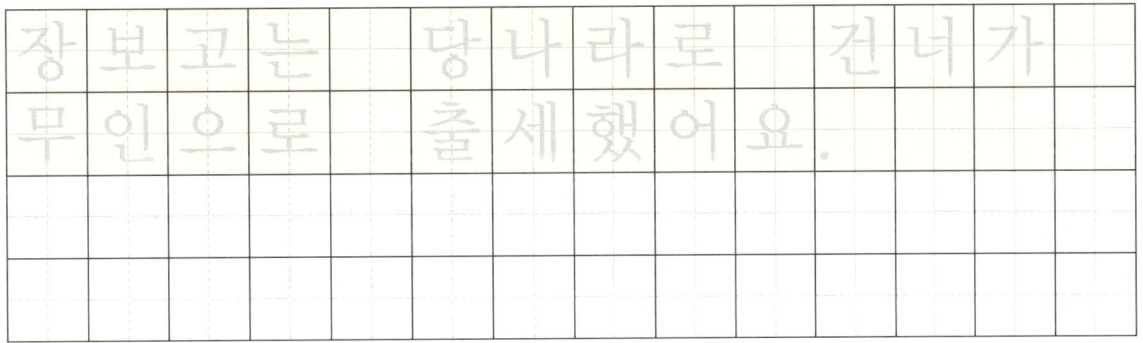

● 그는 왕실의 권력 다툼에 관여하여 신무왕이 왕위에 오르는 데 공을 세웠어요.

13. 후삼국의 성립

차시(월   일)

통일신라 말기가 되자 각 지역에서 **호족**이 기승을 부려 나라가 혼란스러웠어요. 그중에서 가장 유명한 인물이 후고구려를 세운 궁예와 후백제를 세운 견훤이에요. 이때를 후삼국 시대라고 하는데, 대략 9세기 말에서 10세기 초까지 시기예요.

궁예는 신라 왕실의 후손으로 승려 출신이었는데 주로 충청도를 근거로 세력을 키워서 북쪽으로는 대동강, 남쪽으로는 경상도까지 땅을 확장했어요. 마침내 철원을 수도로 하여 나라 이름을 **태봉**으로 고쳤어요.

통일신라 군인 출신인 견훤은 주로 전라도 일대의 옛 백제 땅을 근거지로 세력을 키워서 900년에 완산을 수도로 하여 후백제를 세웠어요. 견훤은 신라의 **대야성**을 빼앗고 수도인 경주를 침공하기도 했어요.

그러나 궁예는 사나운 정치를 일삼다가 쫓겨나 죽었고, 견훤은 아들들 간에 권력 다툼이 일어나서 고려 태조 왕건에게 몸을 맡겼어요. 이렇게 해서 후삼국 시대가 막을 내렸어요.

[인물과 역사 어휘]
- **호족**: 지방에 근거지를 둔 유력한 친족 집단.
- **태봉**: 궁예가 911년에 철원에서 새로 정한 나라 이름.
- **대야성**: 경상남도 합천의 매봉산 정상을 둘러쌓은 성.

왕건, 금성 공략 903년 궁예, 철원 천도 905년 왕건, 송악에서 고려 건국 918년

● 통일신라 말기가 되자 각 지역에서 호족이 기승을 부려 나라가 혼란스러웠어요.

● 그중에서 가장 유명한 인물이 후고구려를 세운 궁예와 후백제를 세운 견훤이에요.

● 이때를 신라, 후고구려, 후백제의 후삼국 시대라고 해요.

| 고대~삼국 시대 | | 고려 시대 |

| 알아 두면 쓸모 있는 한국사 상식 |

비파형동검

1. 고조선은 옛날 조선이라는 뜻이에요!

고조선의 원래 이름은 조선이에요. 그런데 1392년에 이성계가 새 나라 이름을 '조선'이라고 하자, 둘이 똑같아서 곤란해졌어요. 그래서 단군이 세운 조선을 고조선이라고 구분해 쓴 거예요. 옛날 조선이라는 뜻이에요.

☞ 비파형 동검은 고조선의 대표적인 청동기 유물로, 비파 모양을 닮은 짧은 칼이에요. 주로 의식용이나 권력의 상징으로 사용됐어요.

나정

2. 에이, 거짓말! 사람이 어떻게 알에서 태어나요?

고구려를 세운 고주몽, 신라를 세운 박혁거세는 알에서 태어났다고 해요. 알은 '밝음'을 상징하는데, 탄생에 신비감을 더하려는 뜻이에요. 이렇게 알에서 사람이 태어난 이야기를 난생설화라고 해요. 그러나 실제로는 사람이 알에서 태어날 수는 없겠죠.

☞ 나정은 박혁거세가 태어난 장소로 전해지는 경주의 우물이에요. 《삼국사기》와 《삼국유사》에 기록된 신화와 일치하는 유적이에요.

무용총 벽화

3. 활을 잘 쏘는 유전자가 있나요?

옛날부터 우리나라 사람들은 활을 잘 쏘았어요. 그래서 중국 사람들이 우리나라를 '동이'라고 했어요. 동쪽의 활 잘 쏘는 사람들이란 뜻이에요. 고구려 고분 가운데 수렵도에는 말을 타고 활을 쏘며 사냥하는 무사들의 모습이 생생하게 표현되어 있어요.

☞ 무용총 벽화는 고구려의 고분 벽화 중 하나로, 활을 쏘는 장면과 고구려인의 생활상을 생생하게 묘사하고 있어요.

| 조선 시대 | | 대한제국~현대 |

4. 쉿, 일곱 모 기둥을 찾아라!

고주몽은 부여에 있을 때 거울을 둘로 쪼개어 그 하나를 부인에게 주면서 아들이 태어나면 일곱 모 기둥을 찾아오라고 하고는, 남쪽으로 와서 고구려를 세웠어요. 그런데 왜 일곱 모 기둥을 찾아오라고 했을까요? 힌트! 하늘에서 일곱 별 북두칠성을 찾아보세요.

☞ 윷놀이 판에도 북두칠성이 있어요. 도, 개, 걸, 윷, 모! 이 윷놀이 판은 북두칠성을 그린 별자리 그림이에요. 봄, 여름, 가을, 겨울 사계절의 북두칠성을 그린 거예요.

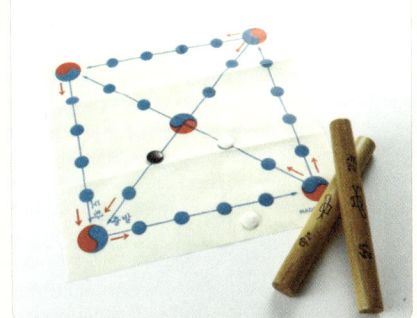

윷놀이 판

5. 평강공주와 바보 온달 이야기

고구려 평원왕 때 평강공주가 자꾸 울자, 아버지 평원왕은 그때마다 '그러면 바보 온달에게 시집 보내겠다!'라고 우스갯소리를 했어요. 그런데 공주가 어른이 되고 정말로 궁궐을 나가더니 온달에게 시집을 갔지요! 공주는 온달에게 무예를 가르쳤고, 온달은 나라를 지키는 아주 유명한 장군이 되었답니다.

☞ 온달 장군이 죽음을 맞은 곳이 서울의 아차산성입니다. (충북 단양의 온달산성이라는 설도 있어요) 온달 장군의 관을 실은 수레가 꿈쩍도 하지 않자, 평강공주가 관을 어루만지며 "삶과 죽음이 이미 정해졌으니, 이제 돌아가시옵소서."라고 애원했어요. 수레는 그제야 움직였다고 해요.

아차산 일대 보루군

6. 백제 무령왕릉은 동양 최대의 발견이래요!

앗, 이곳은 이상하군! 1971년에 배수로 공사를 하다가 우연히 발견한 게 무령왕릉이에요. 연꽃무늬 벽돌로 아치를 쌓은 아치형 벽돌무덤에서 금관, 금은 장신구, 돌짐승 등이 쏟아져 나왔어요. 동양 최대의 발견이에요. 백제 문화를 이해하는데 학술적 가치가 매우 높아요.

☞ 무령왕릉은 충남 공주 송산리 고분군에 위치한 백제 왕 무령왕의 무덤이에요. 이 무덤에서 화려한 금제 유물과 왕비의 부장품 등이 출토됐어요.

무령왕릉

고려 시대

고려는 918년에 건국하여 1392년까지 474년간 이어졌어요. 고려는 매우 국제적인 나라였어요. 이때 고려를 부르던 '꼬레아'가 지금 우리나라를 부르는 '코리아'가 된 거예요. 고려청자와 금속활자, 팔만대장경은 당시 고려가 세계 최고의 기술로 이룩한 자랑스러운 문화유산이에요.

14. 왕건의 고려 건국

차시(월   일)

　왕건은 고려를 세워 후삼국 시대의 혼란을 안정시키고 다시 하나로 통일했어요. 이분이 바로 고려 태조예요. 고려는 고구려를 계승한 이름이에요.

　왕건은 원래 **개경**의 상인 가문으로 호족 출신이었어요. 한때는 태봉을 세운 궁예의 장수로 있다가 점차 힘을 키워서 궁예를 쫓아내고 사람들의 추대를 받아 고려를 건국했어요. 그 뒤 후백제의 견훤이 왕건의 밑으로 들어갔고 신라의 마지막 왕인 **경순왕**도 항복하여 마침내 통일왕조가 됐어요.

　태조는 고려를 건국하는 과정에서 각 지방의 여러 호족과 혼인 관계를 맺고 나라를 다스렸어요. 하지만 이러한 정책으로 다음 왕이 될 후보자가 많아져서 왕권을 불안하게 만들었어요. 고려 태조는 죽으면서 자손들에게 10가지 당부를 남겼어요. 이를 '**훈요 십조**'라고 해요.

[인물과 역사 어휘]
- 개경: 고려의 수도. 현재 개성의 옛 이름.
- 경순왕: 신라의 제56대 마지막 왕.
- 훈요 십조: 고려 태조가 후손에게 전한 정치 지침서. 불교를 소중히 여김, 사찰 건립 제한, 왕위 계승 원칙, 거란 문화 배척, 서경(평양)의 중요성, 연등회와 팔관회 유지, 신하의 역할, 남쪽 지역 인물 경계, 녹봉과 군사 운영, 역사에서 교훈을 얻을 것 등의 내용이 담김.

신라 경순왕, 왕건에게 항복 — 935년
후백제 멸망. 고려의 후삼국 통일 — 936년
태조 왕건, 훈요 10조 남김 — 943년

● 왕건은 고려를 세워 후삼국 시대의 혼란을 안정시키고 다시 하나로 통일했어요.

왕건은 고려를 세워 후삼국
시대의 혼란을 안정시키고
다시 하나로 통일했어요.

● 궁예의 장수였는데, 포악한 정치로 민심을 잃은 궁예를 쫓아내고 왕이 됐어요.

궁예의 장수였는데, 포악한
정치로 민심을 잃은 궁예를
쫓아내고 왕이 됐어요.

● 왕건은 죽으면서 자손들에게 훈요십조를 남겼어요.

왕건은 죽으면서 자손들에게
훈요십조를 남겼어요.

왕규의 난 발생	**광종, 노비안검법 실시**	광종, 과거제도 실시
945년	**956년**	958년

15. 광종의 노비안검법 실시   차시(월   일)

고려 제4대 **광종**˙은 호족의 권력이 커지자 여러 개혁 정치를 통해 이를 견제하려고 했어요. 그 중 하나가 노비안검법인데, **노비**˙가 된 이유를 조사해서 밝힌다는 뜻이에요.

노비는 주인에게 지배되어 각종 노동을 해야 했고, 또한 호족들의 **사병**˙이 됐기 때문에 귀중한 재산으로 여겨졌어요. 그래서 호족들은 전쟁에 져서 포로로 사로잡힌 사람들이나 빚을 갚지 못한 사람들을 강제로 노비로 삼았어요. 그 과정에서 많은 불법이 발생했어요. 이 때문에 왕실과 나라의 힘이 약해졌어요.

광종은 노비가 된 이유를 조사하여 관청에 신고하면 다시 일반 백성으로 신분을 되돌림으로써 호족 세력을 약화하고 세금도 더 많이 거두려고 한 거예요. 따라서 노비안검법은 호족을 견제하고 왕권과 나라 살림을 튼튼히 하기 위한 일이었어요.

[인물과 역사 어휘]
- **광종**: 고려의 제4대 왕. 태조의 셋째 아들. 노비안검법을 제정하고 과거제도를 실시함.
- **노비**: 남의 집이나 국가에 딸려 천한 일을 하던 남녀를 아울러 이르는 말.
- **사병**: 호족이 사적으로 보유한 병사.

- 호족들은 포로로 잡힌 사람들이나 빚을 갚지 못한 사람들을 노비로 삼았어요.

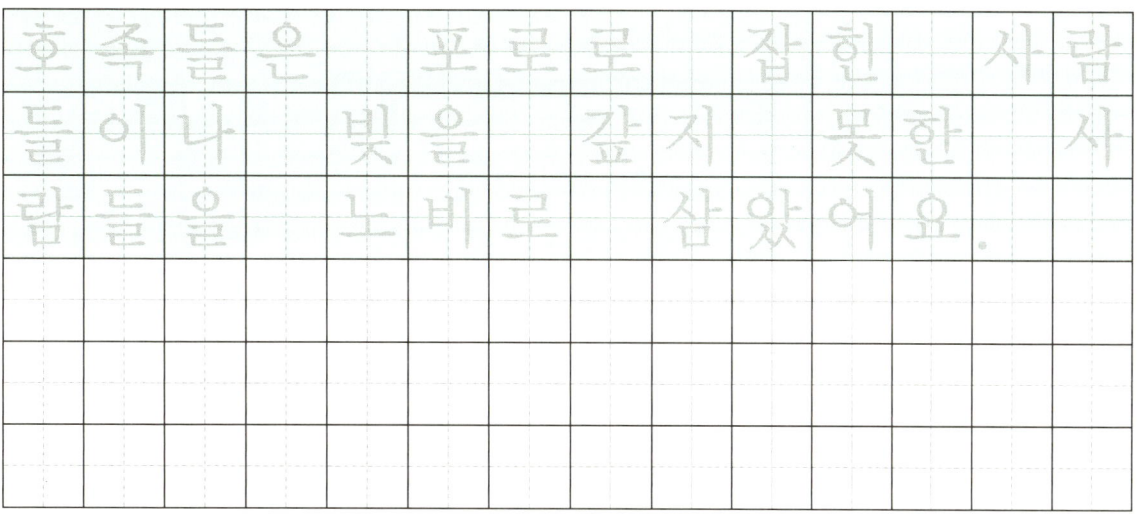

- 광종은 노비안검법을 실시하여 노비를 다시 원래 신분으로 되돌렸어요.

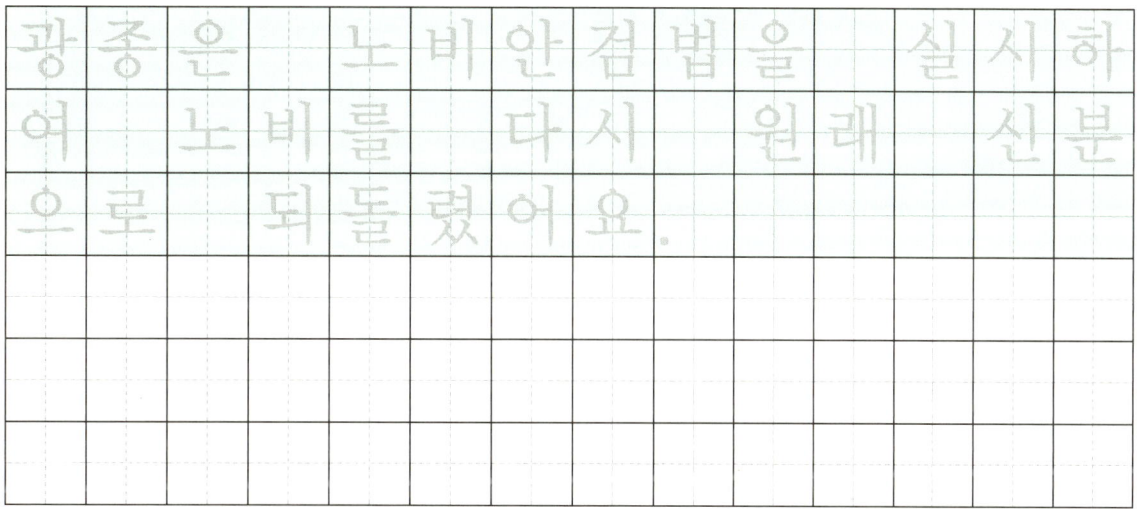

- 왕권과 나라 살림을 튼튼하게 하려는 조치였어요.

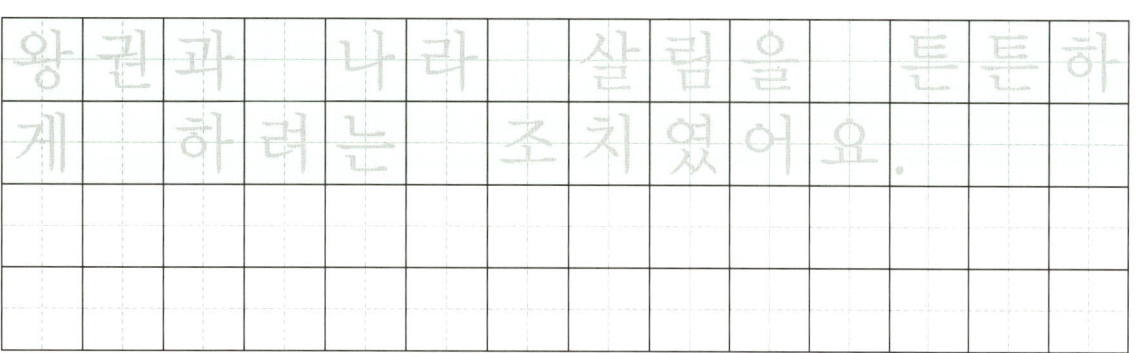

16. 과거제도 실시

차시(월 일)

　광종이 실시한 개혁 정책 가운데 또 하나는 과거제도예요. 중국 **후주**˙에서 온 **쌍기**˙에게 광종은 "어떻게 하면 유능한 인재를 뽑을 수 있을까?" 하고 물었죠. 당시 관리는 **음서제**˙와 추천제로 뽑았어요. 추천제는 호족이나 귀족이 추천한 사람들 가운데서 관리를 뽑았기 때문에 자기들에게 유리한 인물을 추천하곤 했어요. 그러자 쌍기가 후주에서는 이미 과거 시험을 보아 관리를 뽑는다고 한 거예요. 광종은 그렇게 하면 되겠구나 싶어 무릎을 쳤어요.

　그리곤 마침내 과거를 보아 관리를 뽑는 제도를 실시했어요. 호족들은 반발했지만, 능력이 없는데도 관리가 되는 폐단을 없앤 거예요. 이제 과거 공부를 하여 합격하면 관리가 되는 길이 열린 것이죠. 과거제도는 사람을 뽑고 관리하는 인사 제도에서 중심적인 역할을 하며 조선 말까지 유지됐어요.

[인물과 역사 어휘]
- 후주: 중국 5대 10국 중 5대의 마지막 왕조.
- 쌍기: 후주의 관리였으나 고려에 사신단으로 왔다가 돌아가지 않고 귀화해 광종의 개혁에 이바지함.
- 음서제: 왕족, 공신, 귀족의 자손들에게 관직을 자동으로 부여하는 제도.

논산 관촉사(석조 미륵보살 입상) 건립	국자감(국립대학) 설치	강조의 정변
968년	992년	1009년

● 쌍기는 광종에게 과거제도 실시를 건의했어요.

● 과거제도 이전에는 호족이나 귀족이 추천한 사람들 가운데서 관리를 뽑았어요.

● 호족들은 반발했지만, 능력이 없는데도 관리가 되는 폐단을 없앨 수 있었어요.

17. 강감찬 장군의 귀주 대첩

차시(월   일)

    귀주 대첩은 고려의 강감찬 장군이 1019년에 **귀주성** 앞 들판에서 **소배압**이 이끄는 거란족의 요나라 군대를 크게 이긴 싸움이에요. 요나라는 중국의 북부를 차지한 다음에, 고려를 삼키려고 여러 차례 침공했어요. 크게 세 번의 전쟁이 벌어졌어요.

    제1차 전쟁은 993년에 있었어요. 소손녕이 80만 대군을 이끌고 고려를 쳐들어왔으나, **서희**가 외교로써 담판을 지어 오히려 이들을 물러나게 하고 옛 땅을 돌려받았어요. 제2차 전쟁은 1010년에 있었어요. 고려의 변방을 지키던 강조가 **정변**을 일으켜 정권을 잡자 이를 핑계로 요나라 황제가 직접 군대를 이끌고 고려를 침공했어요. 제3차 전쟁은 1018년에 소배압이 대군을 이끌고 고려를 침공한 거예요. 그러나 강감찬 장군에게 크게 패하여 물러갔어요. 27년에 걸친 고려와 요나라의 긴 싸움이 끝났어요.

[인물과 역사 어휘]
- 귀주성: 평안북도 구성시에 위치했던 중요한 군사적 방어 거점.
- 소배압: 거란족 출신의 요나라 장군. 몽골족을 정벌하고 송나라 군을 격파함.
- 서희: 고려의 외교가. 요나라가 침입했을 때, 적장 소손녕과 담판하고 유리한 강화를 맺었으며, 이듬해에는 여진을 몰아냄.
- 정변: 무력을 사용하거나 비합법적으로 생긴 정치상의 큰 변동.

천리장성 완성 1044년
동서 대비원 설치 1049년
경정전시과 실시 1076년

● 고려 강감찬 장군이 1019년에 귀주에서 요나라 군대를 크게 이긴 싸움이에요.

● 요나라는 크게 세 차례 고려를 침공했어요.

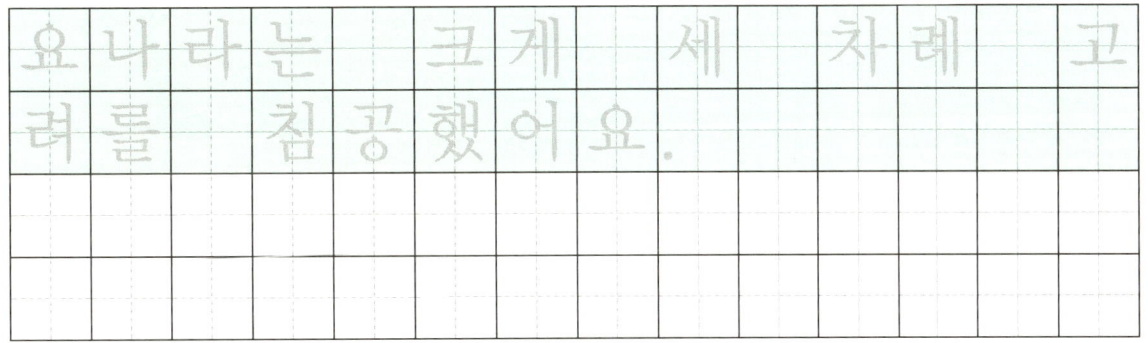

● 서희가 외교로써 담판을 지어 요나라 군을 물러나게 하고 옛 땅을 돌려받았어요.

18. 묘청의 서경천도운동

차시(월 일)

　고려 제17대 왕 인종 때 **묘청**˙과 정지상을 중심으로 하는 서경 세력이 고려의 수도를 개경에서 서경으로 옮기려고 했어요. 서경은 지금의 평양이에요. 앞서 1126년에 이자겸의 반란이 일어났는데, 개경의 유명 가문들이 자신의 딸을 왕비로 들인 이자겸에게 잘 보이려고 하자, 이를 믿고 이자겸이 반란을 일으켰던 것이에요. 이자겸은 왕을 궁궐에 가두고 정치를 마음대로 주무르다가 진압됐어요.

　이에 왕이 개경을 벗어나려고 하자 묘청 등이 수도를 서경으로 옮길 것을 주장했어요. 김부식, 임원후 등 유명 가문들은 그대로 개경에 머무를 것을 주장하여 신하들은 크게 두 파로 갈렸어요. 결국 정지상, 백수한 등은 묘청의 **풍수설**˙과 **도참사상**˙을 이용하여 서경 **천도**˙를 밀어붙이다가 실패했어요. 다급해진 묘청은 서경에서 반란을 일으켰지만, 김부식이 이끈 정부군에 진압됐어요. 이를 묘청의 난이라고 해요.

[인물과 역사 어휘]
- **묘청**: 고려 중기의 승려. 도참사상으로 정치에 진출하여, 서경 천도 등의 개혁 정치와 금국정벌론을 주장하다가 반대에 부딪치자, 난을 일으켰으나 실패했고, 끝내 처형당함.
- **풍수설**: 산천과 물길로 인간의 길흉화복(운이 좋고 나쁨, 재앙과 복)을 설명하는 사상.
- **도참사상**: 앞날의 길흉에 대한 예언이 이루어진다고 여기는 도교사상.
- **천도**: 도읍(수도)을 옮김.

무신 정권 수립(무신의 난)	망이·망소이의 난	김사미의 난, 효심의 난
1170년	1176년	1193년

● 고려 인종 때 서경 세력이 고려의 수도를 개경에서 서경으로 옮기려고 했어요.

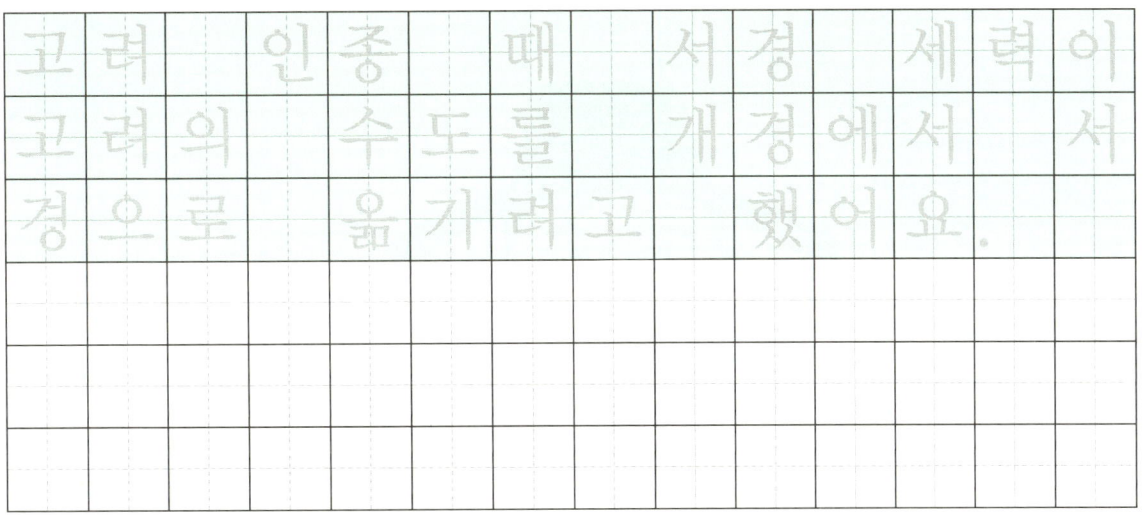

● 김부식, 임원후 등 유명 가문들은 그대로 개경에 머무를 것을 주장했어요.

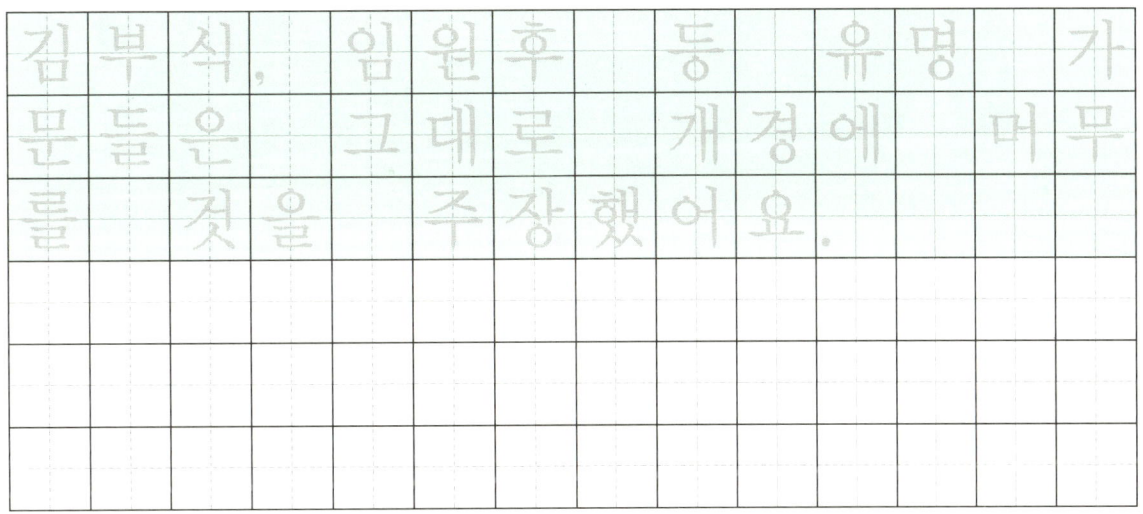

● 서경에서 묘청의 난이 일어났지만 정부군에 진압됐어요.

19. 김부식의 《삼국사기》 편찬

　《삼국사기》는 **김부식**이 인종의 명으로 엮은 역사책이에요. 주로 신라, 고구려, 백제 삼국의 역사를 다루고 있어서 책 제목을 '삼국사기'라고 한 거예요. 세 나라 왕들의 역사를 다룬 본기와 신라 김유신 등 주요 신하의 **열전**을 실었어요. 이렇게 본기와 열전을 중심으로 한 역사서술 방식을 **기전체**라고 해요. 또 제사, 음악, 복식, 지리, 관직 등은 별도의 책에 나누어 실었어요. 우리나라에서 가장 오래된 역사책이라 국보로 지정됐는데, 고대 역사를 연구하는 귀중한 자료로 사용하고 있어요.

　그런데 《삼국사기》에는 삼국의 역사 중에서도 신라의 이야기가 분량도 많고 중요하게 나와요. 그래서 어떤 사람들은 신라 중심의 책이라고 생각해요. 또한, 중국과의 관계를 중요하게 여기는 내용이 많아서, 일부 사람들은 김부식이 중국을 너무 높게 평가했다고 보기도 해요.

[인물과 역사 어휘]
- 김부식: 고려의 학자이자 정치가. 토벌군 원수로서 묘청의 서경천도운동을 진압하는 큰 공을 세움.
- 열전: 임금이 아닌 훌륭한 신하들의 일생을 적은 기록.
- 기전체: 중국 역사가 사마천이 쓴 《사기》처럼 본기와 열전으로 나누어 서술하는 방식. 반면, 《조선왕조실록》처럼 시간순으로 서술한 방식을 편년체라고 함.

- 신라, 고구려, 백제의 역사를 다루고 있어서 '삼국사기'라고 이름을 지었어요.

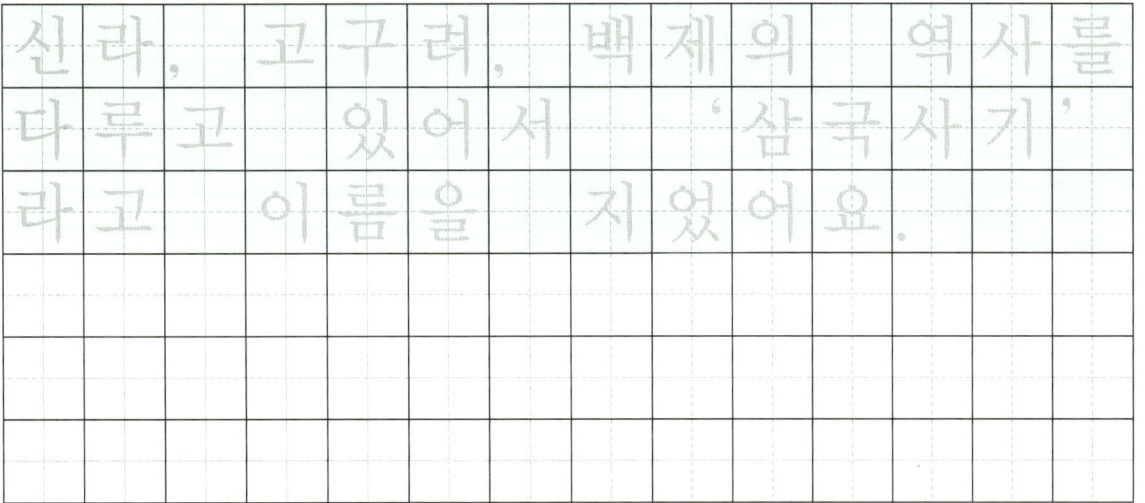

- 삼국 왕들의 본기와 신하들의 열전으로 나누어 기전체로 집필했어요.

- 우리나라에서 가장 오래된 역사책이에요.

20. 무신 정권의 수립

차시(월   일)

　무신 정권은 고려 제18대 의종 때부터 100여 년 동안 **무신**들이 나라의 권력을 잡은 정부를 말해요. 그 시기를 무인 시대라고 부르기도 해요. 고려는 귀족 **문신**들이 정권을 장악했고, 무신들은 천대를 받았어요. 심지어 끼니조차 잇기 어려운 무신도 많았어요. 그런 가운데 젊은 문신들이 나이 든 무신인 정중부의 수염을 불에 그슬리며 놀리자 무신들이 들고일어나서 의종을 **폐위**시키고 많은 문신들을 죽였어요.

　이후 무신들은 서로 권력을 다투며 정중부, 경대승, 이의민 등으로 20여 년간 정권을 이어 오다가 최충헌이 혼란을 끝내고 정권을 장악했어요. 최씨 정권은 최우, 최항, 최의로 이어지며 집권했어요. 이 시기에 몽고가 일곱 차례나 고려를 침입해서 **강화도**로 수도를 옮기기도 했어요. 그러나 시간이 지남에 따라 문신들이 정권을 되찾고 몽고와 평화 관계를 맺었어요.

[인물과 역사 어휘]
- 무신: 군사로 나라를 지키고, 왕을 호위하는 등의 역할을 하던 신하들.
- 문신: 학문을 익혀서 나라의 법과 정책을 만드는 일을 주로 담당한 신하들.
- 폐위: 왕이나 왕비 등을 자리에서 쫓아내는 일.
- 강화도: 서울에서 가까운, 우리나라에서 네 번째로 큰 섬. 고려와 조선 시대에 방어의 중심지로 사용됨.

김사미의 난, 효심의 난	최충헌의 집권, 최씨 무신 정권 시작	최충헌 사망, 최우 집권
1193년	1196년	1219년

● 무신 정권은 의종 때부터 100여 년 동안 무신들이 권력을 잡은 정부를 말해요.

무신 정권은 의종 때부터
100여 년 동안 무신들이
권력을 잡은 정부를 말해요.

● 고려는 귀족 문신들이 정권을 담당하게 되자 무신들은 점차 천대를 받았어요.

고려는 귀족 문신들이 정권
을 담당하게 되자 무신들은
점차 천대를 받았어요.

● 최충헌이 권력을 장악해 최씨 정권이 집권했어요.

최충헌이 권력을 장악해 최
씨 정권이 집권했어요.

21. 망이·망소이의 난

차시(월   일)

　무신 정권 때인 1176년, 제19대 명종 6년에 공주에 속한 명학소에서 형 망이와 동생 망소이가 난을 일으켰어요. 고려에는 향, 소, 부곡이라는 천민 구역이 있었어요. 여기에 속한 사람들은 농사를 짓는 주, 군, 현의 백성과 달리 금, 은, 철, 종이, 기와, 숯, 도자기 등의 특산물을 만들어서 바쳤어요. 말하자면 특수 행정구역이었는데 명학소도 그중 하나였어요. 낮은 신분으로 차별을 받으면서 **공납** 부담은 일반 백성보다 무거웠어요.

　결국 이러한 천민의 불만이 폭발한 거예요. 또한 무신 정권의 **수탈**에 시달리는 농민들까지 난에 참여하면서 세력이 커졌어요. 망이와 망소이는 명학소를 현으로 등급을 올리고 수령을 두어 위로하겠다는 관군의 **회유**로 항복했어요. 약속이 제대로 지켜지지 않자, 이듬해에 다시 난을 일으켜서 공주를 비롯한 주변 군현들을 점령하기도 했어요. 하지만 농사철이라 사람들이 빠져나가고 식량과 무기가 부족해지자 **관군**에게 진압됐어요. 이 난으로 향, 소, 부곡은 점차 사라지게 됐어요.

[인물과 역사 어휘]
- **공납**: 백성이 그 지방에서 나는 특산물을 나라에 바치던 일.
- **수탈**: 힘이 센 사람이 약한 사람에게서 돈이나 물건을 억지로 빼앗는 것.
- **회유**: 잘 달래어 시키는 말을 듣도록 하는 것.
- **관군**: 국가에 소속되어 있는 정규 군대.

최충헌의 집권, 최씨 무신 정권 시작　　　최충헌 사망. 최우 집권　　　몽고의 사신 저고여 피살
1196년　　　1219년　　　1225년

● 명학소에서 형 망이와 동생 망소이가 난을 일으켰어요.

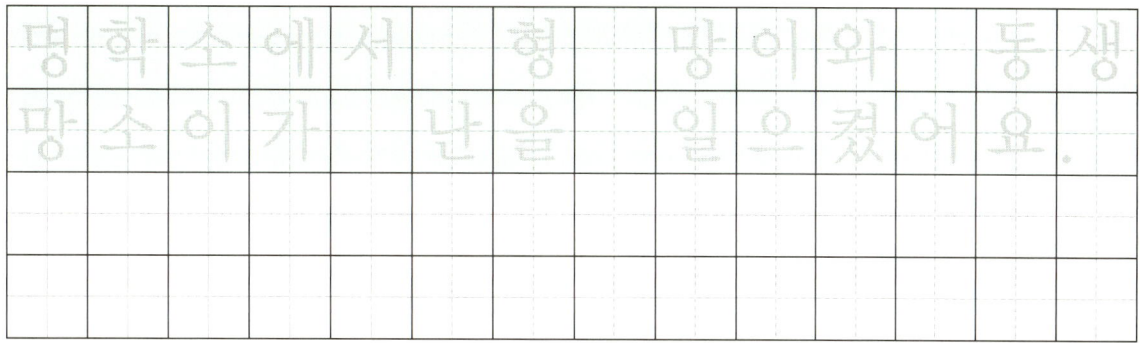

● 향, 소, 부곡은 농사 대신 특산물을 만들어서 바치는 특수 행정구역이었어요.

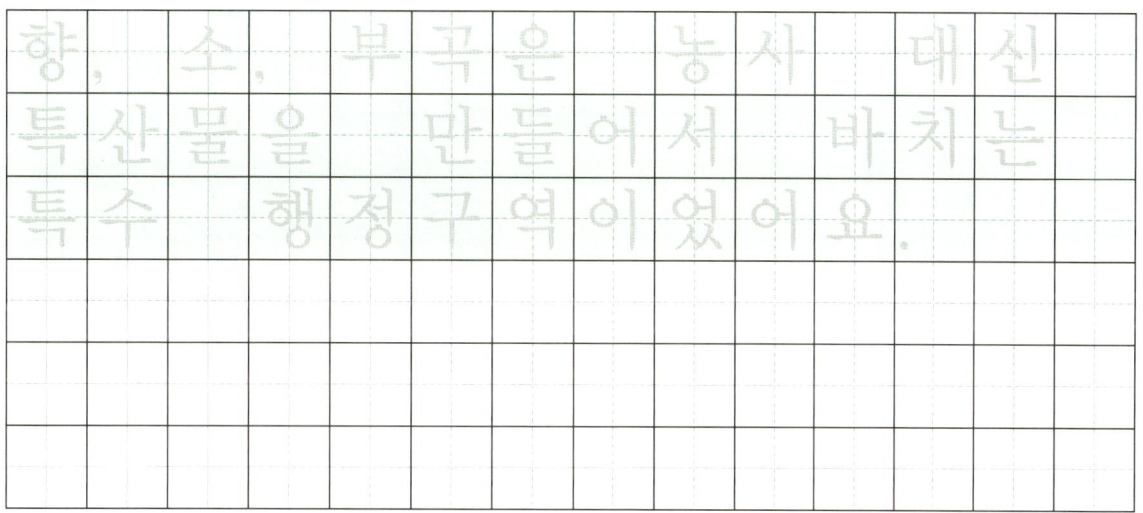

● 무신 정권의 수탈에 시달리는 농민들까지 난에 참여하면서 세력이 커졌어요.

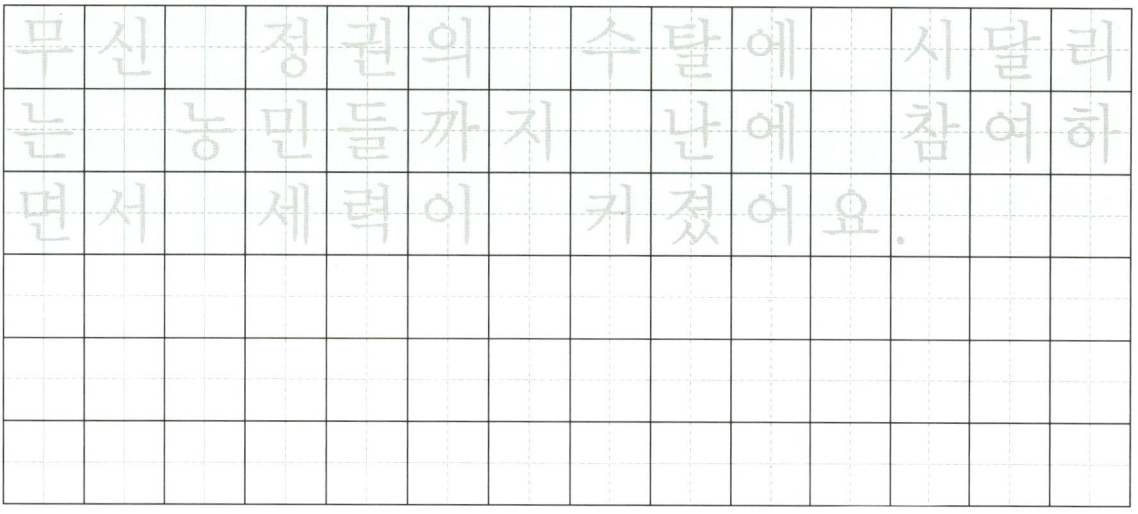

몽고의 사신 저고여 피살	**몽고군의 1차 침입**	몽고군의 2차 침입, 강화도 천도
1225년	**1231년**	1232년

22. 몽고의 침략

차시(월   일)

무신 정권 때에 세계에는 큰 변화가 일어났어요. 몽고의 **칭기즈 칸**이 아시아에서 동부 유럽까지 정벌하여 몽고제국을 세운 것이에요. 후에 몽고는 남쪽으로 내려가서 중국에 원나라를 세웠어요.

몽고는 고려에 특산물을 바치고, 몽고 군대를 위해 길을 만들고, 중요한 사람들을 몽고에 보내라는 등 무리한 요구를 하여 고려에서 몽고에 대한 반감이 커졌어요. 그 사이 1225년에 고려의 국경에서 몽고의 사신 저고여가 괴한들에게 죽임을 당하는 사건이 일어났어요. 누가 한 짓인지 명확하지 않았는데도, 몽고는 이를 빌미로 고려를 쳐들어왔어요.

고려는 수도를 강화도로 옮기고 몽고를 상대로 39년간 **항전**했어요. 그러다가 최씨 정권이 무너지자, 문신과 왕실 세력들은 다시 개경으로 돌아와 몽고와 평화 관계를 맺었어요. 강화도에서 항전하던 **삼별초**는 진도와 제주도로 옮겨 항전을 이어 갔어요.

[인물과 역사 어휘]
- **칭기즈 칸**: 몽골 제국의 제1대 왕. 본명 테무친. 몽골족을 통일하고 몽골제국의 칸(지배자)이 되어 중앙아시아를 평정하는 한편, 서양 정벌로 동서양에 걸친 대제국을 건설함.
- **항전**: 적에 대항하여 싸움.
- **삼별초**: 고려시대에 둔 좌별초, 우별초, 신의군의 세 군대. 제23대 고종 때 설치한 것으로, 최씨 정권의 최우가 조직한 야별초를 발전시킨 특수부대였음.

팔만대장경 완성	최씨 정권 몰락, 몽고의 쌍성총관부 설치	개경 환도, 삼별초 대몽항쟁 시작
1251년	1258년	1270년

● 몽고가 쳐들어오자 고려는 강화도로 수도를 옮기고 39년간 항전했어요.

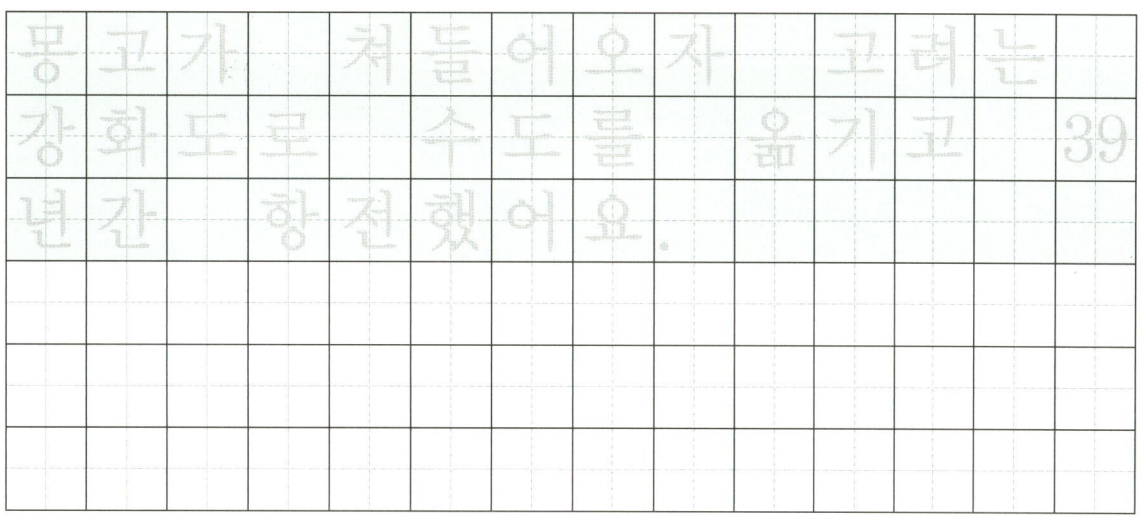

● 무신 정권이 무너지자, 다시 개경으로 돌아와 몽고와 평화 관계를 맺었어요.

● 삼별초는 진도와 제주도로 옮겨 항전을 이어갔어요.

제주도에 탐라총관부 설치	일연의 《삼국유사》 편찬	안향, 원나라에서 주자서를 옮겨 귀국
1273년	**1281년**	1289년

23. 일연의 《삼국유사》 편찬   차시(월   일)

　몽고의 지배를 받으면서 고려의 **자주권**은 크게 훼손됐어요. 왕들의 이름에는 충렬왕, 충선왕 등으로 '충'을 썼는데, 이는 몽고의 원나라에 충성한다는 의미예요.

　그 때문에 승려 **일연**은 역사책을 써서 민족의식을 높이고자 했는데, 그 책이 《삼국유사》예요. 기전체로 역사를 집필한 《삼국사기》가 빠뜨린 부분을 실었기 때문에 '유사'라고 했어요. 본기, 열전, 지로 엮은 《삼국사기》와는 달리, 《삼국유사》는 신라, 고구려, 백제, 가야의 역사 외에도 신비롭고 기이한 이야기를 **설화** 형식으로 실었어요. 불교가 전래하고 발전하는 과정, 불교의 고승과 인물, 효와 윤리에 관한 이야기예요. 무엇보다도 단군과 고조선의 역사를 수록해서 고려의 자주적 **민족의식**을 높이려고 했기 때문에 귀중한 역사책이에요.

[인물과 역사 어휘]
- **자주권**: 국가가 국내 문제나 대외 문제를 자기 뜻대로 자유롭게 결정할 수 있는 권리.
- **일연**: 고려의 승려이자 《삼국유사》의 저자. 고종 때 대선사가 됐으며, 충렬왕 때 국존으로 임명되어 왕실과 불교를 이끎.
- **설화**: 사람들에게 전해오는 이야기. 신화, 전설, 민담 따위를 통틀어 말함.
- **민족의식**: 자기 민족의 권리를 지키고 민족의 통합과 발전을 꾀하려는 집단적 의지나 감정.

공민왕 즉위	홍건적의 1차 침입	문익점, 원나라에서 목화씨 반입
1351년	1359년	1363년

● 몽고의 지배를 받으면서 고려의 자주권은 훼손됐어요.

몽고의 지배를 받으면서 고
려의 자주권은 훼손됐어요.

● 일연은 《삼국유사》를 통하여 몽고 지배기에 민족의식을 높이려 했어요.

일연은 《삼국유사》를 통하
여 몽고 지배기에 민족의식
을 높이려 했어요.

● 삼국 시대 역사 외에도 신비롭고 기이한 이야기를 설화 형식으로 실었어요.

삼국 시대 역사 외에도 신
비롭고 기이한 이야기를 설
화 형식으로 실었어요.

24. 공민왕의 개혁 정치와 신돈

차시(월   일)

 공민왕은 고려의 제31대 왕으로 23년 동안 고려를 다스렸어요. 이때는 몽고가 세운 원나라가 힘이 약해져 있었어요. 더구나 새로 명나라가 건국되어 원나라를 위협했어요. 공민왕은 이 틈을 보고 원나라의 간섭에서 벗어나 고려의 독자적인 정책을 펴서 민생을 안정시키려고 했어요. 그 과정에서 원나라에 의지하던 이들의 반발이 발생했어요. 남쪽과 북쪽에서는 **왜구**˙와 **홍건적**˙의 침략이 계속되어 혼란스러웠어요.

 그러던 중 사랑하던 아내 **노국대장공주**˙가 죽자, 공민왕은 승려 **신돈**˙에게 모든 정치를 맡기고 자신은 뒤로 물러났어요. 그러나 신돈의 정책들은 너무 급진적이어서 반대가 심했어요. 결국 신돈은 권력을 이용해서 나쁜 일을 하고 공민왕을 해치려고 하다가 역모로 고발되어 처형당했어요.

 공민왕의 개혁 정치도 막을 내리고, 이후 1392년에 공양왕을 끝으로 474년간 이어졌던 고려가 멸망했어요.

[인물과 역사 어휘]
- 왜구: 일본의 해적.
- 홍건적: 한족의 농민 반란군. 머리에 붉은 수건을 둘러 홍건적이라고 불림.
- 노국대장공주: 공민왕의 왕비. 중국 원나라 위왕의 딸로, 공민왕 14년에 아기를 낳다가 사망.
- 신돈: 고려 말의 승려. 권력을 가진 사람들이 빼앗은 땅과 노비를 주인에게 돌려주고, 강제로 노비가 된 사람들을 풀어 주는 정책을 추진했으나, 귀족들의 반대로 실패함.

공민왕, 신돈 등용 — 1365년
이성계 황산 대첩, 최무선 진포 대첩 — 1380년
공양왕 폐위. 고려 멸망 — 1392년

● 공민왕은 고려 말에 원나라 간섭에서 벗어나 개혁정치를 추진한 왕이에요.

● 아내 노국대장공주가 죽자, 신돈에게 정치를 맡기고 뒤로 물러났어요.

● 공양왕을 끝으로 474년간 지속된 고려가 멸망했어요.

| 고대~삼국 시대 |　　　　　| 고려 시대 |

| 알아 두면 쓸모 있는 한국사 상식 |

승과에 장원급제한 일연

1. 스님도 과거시험을 보았다!

고려 시대에는 승과라는 과거시험이 있었는데, 불교 승려들이 응시하는 특별한 시험이었어요. 고려는 불교를 국교로 삼았기 때문에 승려들의 학문적 수준을 평가하고, 국가에서 인정하는 승직(僧職)을 부여하는 제도가 필요했어요.

☞ 승과에 합격한 승려는 승직을 받고, 사찰 운영에 참여하거나 국가의 불교 정책을 담당하는 역할을 맡았어요. 토지와 승계를 받을 수 있는 혜택도 있었기 때문에 경쟁이 치열했어요.

목화

2. 문익점은 왜 몰래 목화씨를 갖고 왔을까?

목화는 식물인데, 하얗고 뽀송뽀송한 솜이 열려요. 추위로 고생하는 백성에게 솜옷과 솜이불은 얼마나 따뜻할까요? 원나라에서는 목화가 다른 나라로 나가는 것을 금지했기 때문에 들키지 않기 위해서 문익점은 몰래 붓에 목화씨를 숨겨서 고려에 돌아왔어요.

☞ 문익점은 경상남도 산청에서 장인과 함께 노력하여 목화 재배에 성공하고, 그 목화를 전국적으로 널리 퍼뜨려 많은 사람들에게 도움을 주었어요.

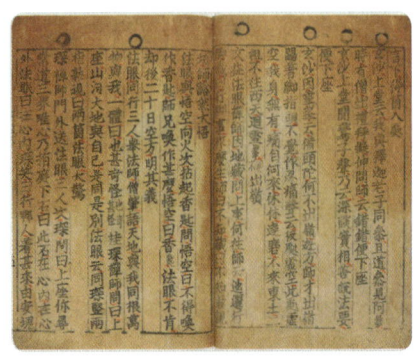

직지심체요절

3. 세계 최초로 금속활자를 만든 나라!

국립 프랑스도서관에서 사서로 있던 박병선 선생님은 《직지심체요절》을 넘겨보다가 깜짝 놀라고 말았어요. 고려 땅 청주 흥덕사에서 금속활자로 이 책을 인쇄했다고 쓰여 있던 거예요. 지금까지 세계 최초의 금속활자로 알려진 구텐베르크보다 80년이나 더 앞섰어요.

☞ 《직지심체요절》은 고려 후기에 백운화상 스님이 부처님의 가르침을 쉽게 설명한 책으로, 1377년에 인쇄됐어요. 지금은 프랑스 국립도서관에 보관하고 있어요.

| 조선 시대 | | 대한제국~현대 |

4. 고려청자는 고려의 반도체예요!

고려청자는 그 당시에는 최첨단 기술로 만들어진 거예요. 지금의 반도체처럼요. 불을 1,300도 이상 아주 높은 온도로 유지해야 그런 자기 그릇이 만들어지는데, 그게 어려운 기술이었어요. 더구나 고려청자의 은은한 푸른 빛깔은 따라 하기가 어려웠어요.

☞ 고려청자 오리 모양 연적은 오리의 깃털이 사실적으로 표현되어 있으며, 맑은 비색 유약이 고르게 씌워져 있어 그 가치가 높은 작품이에요.

고려청자 오리 모양 연적

5. 전쟁이 한창인데 무기를 만들어야지 왜 불경을 새겨요?

고려가 몽고와 전쟁을 하면서 온 나라의 힘을 모아 팔만대장경을 새긴 뜻은 불교의 힘으로 전쟁에 이기려는 것이었어요. 팔만대장경을 보관하는 해인사의 장경판각은 건축 과학의 기술이 놀라워서 지금도 재현하기가 어렵다고 해요. 팔만대장경은 놀라운 세계유산이에요.

☞ 고려 고종 23년(1236년)부터 고종 38년(1251년)에 걸쳐 16년 동안 제작된 팔만대장경은 경판의 수가 8만 1,258판에 이르며 현재 합천 해인사에 보관하고 있어요.

팔만대장경

6. 우리나라를 왜 코리아라고 부르죠?

고려는 외국과 통상을 활발히 한 국제적인 나라였어요. 유럽에서도 고려 상인이 발견될 정도였어요. 그래서 세계인들은 고려를 '꼬레' 또는 '꼬레아'라고 불렀어요. 지금 영어로 우리나라를 '코리아'라고 부르는 것도 이 때문이에요.

☞ 벽란도는 고려의 국제 무역항이에요. 수도인 개경과 가까워 외국 상인들이 많이 드나들었고, 그 덕에 고려의 이름을 세계에 알릴 수 있었어요.

벽란도

조선 시대

조선은 1392년 세워져서 1910년까지 519년 동안 이어졌어요. 조선은 제4대 세종대왕 때 가장 전성기를 맞았어요. 특히 우리글 한글이 만들어진 것도 이때예요. 그러나 조선은 임진왜란과 병자호란이라는 큰 전쟁을 치르면서 약해졌고, 그 뒤에는 정치적 분열이 극심하였어요.

25. 이성계의 조선 건국

차시(월 일)

　고려 말기엔 국가의 질서가 크게 무너지면서 백성의 삶이 어려워지기 시작했어요. 여기에다 남쪽 바닷가에서는 일본의 해적이 나타나 백성의 재산을 빼앗고 강제로 사람을 끌고 가 노예로 만드는 일이 많았어요.

　이 시기 중국은 몽고족이 세운 원나라가 멸망하고, 주원장이 세운 명나라가 들어서 새로운 제도와 학문이 발전하고 있었어요. 나라의 어려운 상황을 바꾸려면 명나라의 새로운 학문을 받아들여야 한다는 의견이 많아졌죠. 이런 상황에서 왕이 이성계에게 명나라의 요동 지역을 공격하라고 했어요. 이성계는 황산 등 여러 지역에서 해적을 물리쳐 백성들에게 믿음을 받던 무관이었어요.

　이성계는 왕의 명령을 어기고 **위화도**˚에서 군대를 돌려 결국 **조정**˚의 권력을 잡았어요. 그리고 새로운 개혁 세력인 **사대부**˚들의 도움을 받아 1392년에 조선을 건국하고 왕위에 올랐어요. 고려가 사라지고, 조선이라는 새로운 나라가 탄생한 거예요. 조선은 해가 뜨는 '아침의 나라'라는 뜻이에요.

[인물과 역사 어휘]
- **위화도**: 압록강 가운데 있는 섬으로 이성계가 이곳에서 군대를 돌려 고려의 실권을 장악. 이 사건을 위화도 회군이라고 함.
- **조정**: 왕이 신하들과 국가의 정치를 의논하는 곳.
- **사대부**: 고려, 조선 시대 때 학문적 교양을 갖춘 공직자로, 과거시험을 통해 새롭게 정계에 진출한 신진 관료를 말함.

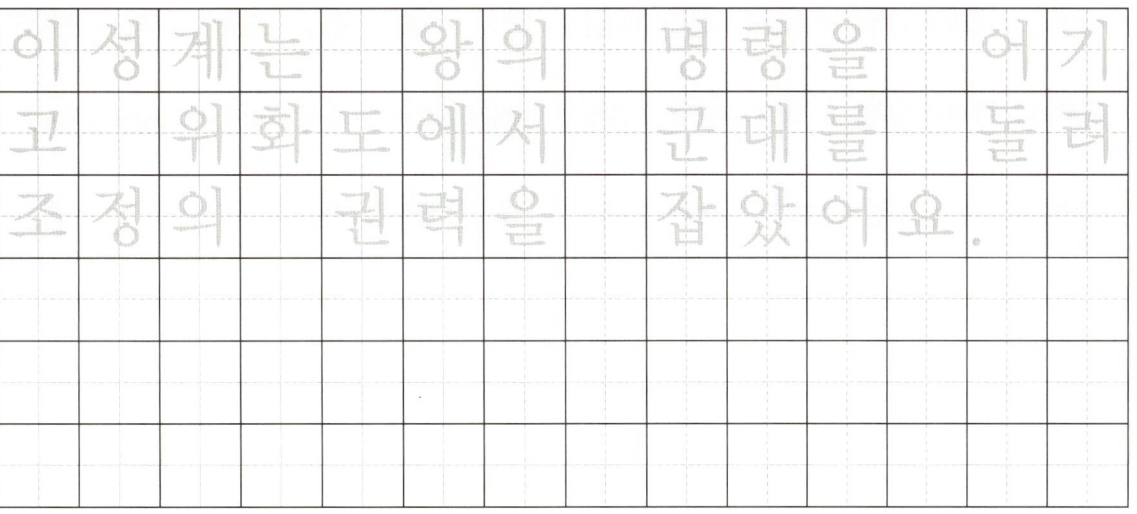

- 이성계는 왕의 명령을 어기고 위화도에서 군대를 돌려 조정의 권력을 잡았어요.

- 개혁 세력인 사대부들의 도움을 받아 1392년에 조선을 건국하고 왕위에 올랐어요.

- 조선은 해가 돋는 '아침의 나라'라는 뜻이에요.

26. 세종대왕의 훈민정음 창제

차시(월   일)

　훈민정음은 **세종대왕**이 직접 만든 우리 글자로서 '백성을 가르치는 바른 소리'라는 뜻이에요. 세종대왕은 백성들이 누구나 글을 쉽게 배워서 쓰기를 바라는 마음으로 훈민정음을 만들었어요.
　자음(닿소리) 17글자, 모음(홀소리) 11글자로, 모두 28글자예요. 우리 몸의 발성 원리와 우주 자연의 사상까지 그 안에 담았기 때문에 세계의 언어학자들이 깜짝 놀라곤 하죠. 1443년에 처음 글자를 만든 세종대왕은 3년 후인 1446년에 《훈민정음》이란 책을 만들어 나라 안에 보급했어요. 이 책에는 새 글자의 풀이와 쓰는 방법을 담았기 때문에 해례본이라고 해요.
　양반들은 훈민정음을 **언문**, 반절, 암글 등으로 부르면서 무시했어요. 그러다 일제 강점기 때 **주시경** 선생님이 '우리 겨레의 크고 위대한 글자'라는 뜻으로 한글이라고 이름을 붙였어요.

[인물과 역사 어휘]
- **세종대왕**: 조선의 제4대 왕. 집현전을 만들어 학문을 장려하고, 훈민정음 창제, 농업과 과학 기술의 발전, 의약 기술과 음악 및 법제 정리, 공법 제정, 국토 확장 등 수많은 사업으로 국가의 기틀을 확고히 함.
- **언문**: 한글의 옛 이름. '말의 글자'라는 뜻.
- **주시경**: 대한제국 시대 국어학자이자 언어학자. 한글과 우리말 연구의 선구자.

훈민정음 반포	<월인천강지곡> 편찬	세종대왕 승하
1446년	1447년	1450년

● 훈민정음은 세종대왕이 만든 글자로 '백성을 가르치는 바른 소리'라는 뜻이에요.

● 백성들이 누구나 쉽게 배워서 쓰기를 바라는 마음으로 훈민정음을 만들었어요.

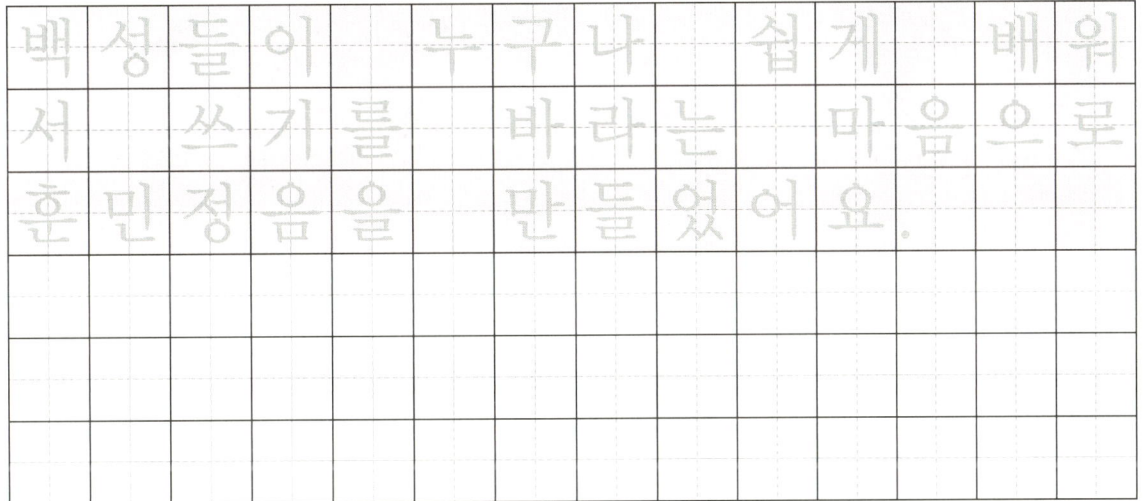

● 자음 17글자, 모음 11글자, 모두 28글자를 만들었습니다.

27. 임진왜란의 발발

차시(월   일)

　임진왜란은 1592년 임진년에 일본(왜군)이 조선을 침략한 전쟁이에요. 1598년까지 7년간 계속되었어요. 이때 일본은 **도요토미 히데요시**˙가 일본을 통일한 뒤, 나라 밖으로 눈을 돌려 조선을 침략하고 명나라까지 진출하려고 했어요. 전쟁 준비를 철저히 해온 왜군은 조선에 상륙한 뒤 곧장 한양을 거쳐 평양까지 쳐들어왔어요. 그 과정에서 많은 백성들이 죽거나 사로잡혀 갔죠.

　조선도 가만히 있진 않았죠. 바다에서는 **이순신**˙ 장군이 이끄는 조선 수군이, 육지 곳곳에서는 **의병**˙이 나라를 지키기 위해 싸웠어요. 결국, 왜군은 남쪽으로 후퇴했죠. 이윽고 전쟁을 일으킨 도요토미 히데요시가 죽고 전투에서도 불리해지자 마침내 조선 땅에서 완전히 물러났어요.

　이 전쟁으로 중국에서는 명나라가 멸망하는 계기가 되었고, 일본에서는 **도쿠가와 이에야스**˙ 정권이 세워졌어요.

[인물과 역사 어휘]
- **도요토미 히데요시**: 일본의 장수이자 정치가. 일본을 통일하고 중국 침략의 야망을 실현하기 위하여 임진왜란을 일으켰으나 실패함.
- **이순신**: 조선 선조 때의 무신. 거북선을 만들고 군대를 강화했으며, 한산도에서 적군의 배를 물리쳐 삼도 수군통제사가 됨. 노량해전에서 전사. ≪난중일기≫라는 책을 남김.
- **의병**: 나라를 구하고자 일어난 민간의 군대.
- **도쿠가와 이에야스**: 일본 에도 막부의 창시자.

권율, 행주 대첩		이순신, 명량해전 승리		노량해전. 이순신 전사
1593년		1597년		1598년

● 임진왜란은 1592년 임진년에 일본(왜군)이 조선을 침략한 전쟁입니다.

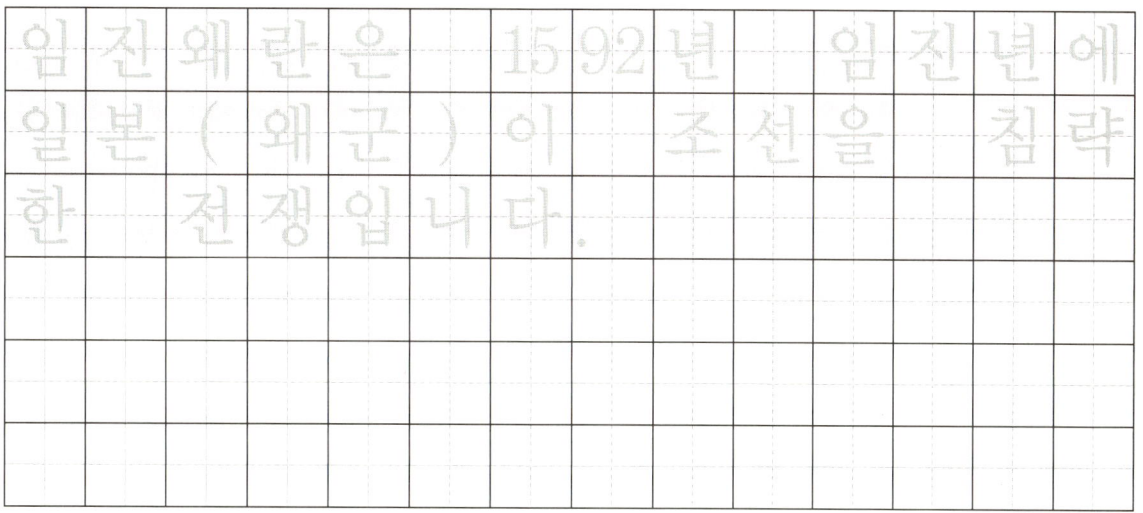

● 왜군은 조선에 상륙한 뒤 곧장 한양을 거쳐 평양까지 진출하였어요.

● 왜군은 1598년 7년 만에 조선 땅에서 완전히 물러갔습니다.

28. 이순신 장군의 한산도 대첩

차시(월   일)

　한산도 대첩은 임진왜란 초기인 1592년에 이순신 장군이 이끄는 조선 수군이 한산도 앞바다에서 왜군을 크게 물리친 싸움이에요. 왜군은 육지와 바다 양쪽에서 동시에 북쪽으로 진격하려고 하였는데, 이 싸움에서 지면서 공격 계획을 다시 짜야 했어요.

　왜군은 남해안에 왜성을 짓고 주둔하다가 1597년에 다시 조선을 침략해 왔어요. 이것을 **정유재란**˙이라고 해요. 이때 조선 조정은 왜군의 모함에 빠져 이순신 장군을 내쫓고 **백의종군**˙하게 하였어요. 왜군이 쳐들어오자 다시 수군의 총사령관이 된 이순신 장군은 **선조**˙에게 "소신에게는 아직 12척의 배가 남아 있습니다."라는 말을 남기고 전투에 나갔어요. 명량에서 빠른 물살을 이용하여 왜군을 크게 물리쳤는데, 이것이 명량 대첩이에요.

　이순신 장군은 '한 놈도 살려서 보내지 않겠다.'라는 신념으로 도망가는 왜군을 끝까지 쫓으며 노량 앞바다에서 크게 승리했어요. 그러나 그 전투에서 사망하고 말았죠.

[인물과 역사 어휘]
- **정유재란**: 1597년에 왜군이 다시 쳐들어온 전쟁.
- **백의종군**: 벼슬 없이 전투에 나가게 하는 처벌.
- **선조**: 조선의 14대 왕. 이이와 이황 같은 학자를 적극적으로 등용하고 학문을 발전시킴. 그러나 나라 안에서 다툼이 심해지면서 임진왜란과 정유재란이라는 큰 전쟁을 겪음.

일본, 명나라 휴전 협상
1594년

이순신, 명량해전 승리
1597년

노량해전. 이순신 전사
1598년

● 이순신 장군의 조선 수군이 한산도 앞바다에서 왜군을 크게 물리쳤어요.

● 조선 조정은 왜군의 모함에 빠져 이순신 장군을 내쫓고 백의종군하게 하였어요.

● 이순신 장군은 명량과 노량에서도 크게 승리했어요.

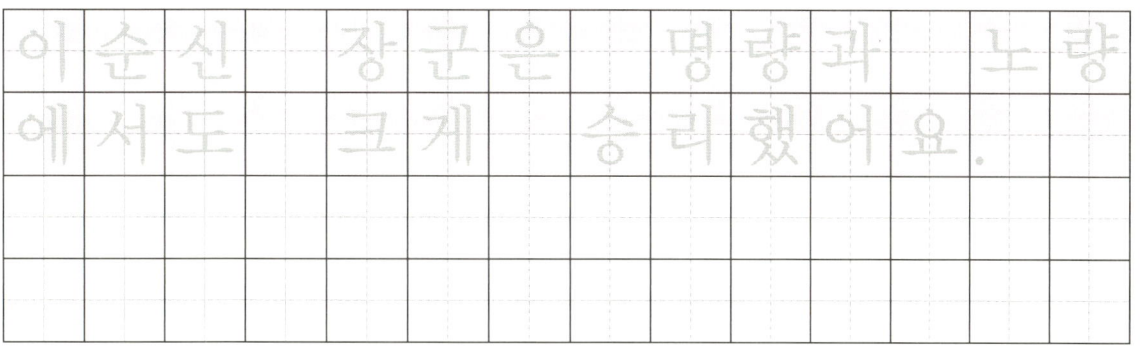

임진왜란 종료 1598년 · 경기도, 대동법 실시 **1608년** · 허준《동의보감》편찬 1610년

29. 대동법의 시행

차시(월   일)

국가가 거두어들이는 **세금**은 백성의 삶에 큰 영향을 미쳐요. 조선은 전국 각 지역의 **특산물**을 한양으로 가져와서 세금을 내도록 했어요. 그러다가 광해군 때 모든 세금을 쌀로 통일해서 내도록 했는데, 이 제도가 바로 대동법이에요.

그동안 지역 특산물을 세금으로 내게 했던 방식엔 여러 가지 문제가 있었어요. 지역마다 담비 가죽, 미역, 인삼, 종이 따위로 각각 특산물이 달라서 부담을 느끼는 정도도 달랐죠. 또 특산물을 한양까지 가져와서 바치려면 비용도 만만치 않았고요. 무엇보다도 특산물을 점검하는 관리에게 **뇌물**을 주지 않으면 **퇴짜**를 맞기 일쑤였어요. 이런 문제들을 해결하려고 쌀로 통일하여 받으려고 한 것이에요.

대동법이 시행되자 이전의 방식으로 이득을 보는 자들의 반발이 극심했어요. 그래서 우선 경기도에서 실시하였다가 점차 전국으로 확대했어요.

[인물과 역사 어휘]
- 세금: 국가가 국가의 운영에 필요한 경비로 사용하기 위해 백성으로부터 거두어들이는 돈.
- 특산물: 지역에서 많이 나는 특색 있는 물건.
- 뇌물: 어떤 직위에 있는 사람을 사사로운 일에 이용하기 위해 넌지시 건네는 부정한 돈이나 물건.
- 퇴짜: 바치는 물건을 물리치는 일.

인조반정 발발	이괄의 난 발발	정묘호란(후금) 발발
1623년	1624년	1627년

● 대동법은 지역 특산물을 쌀로 통일하여 바치게 한 제도예요.

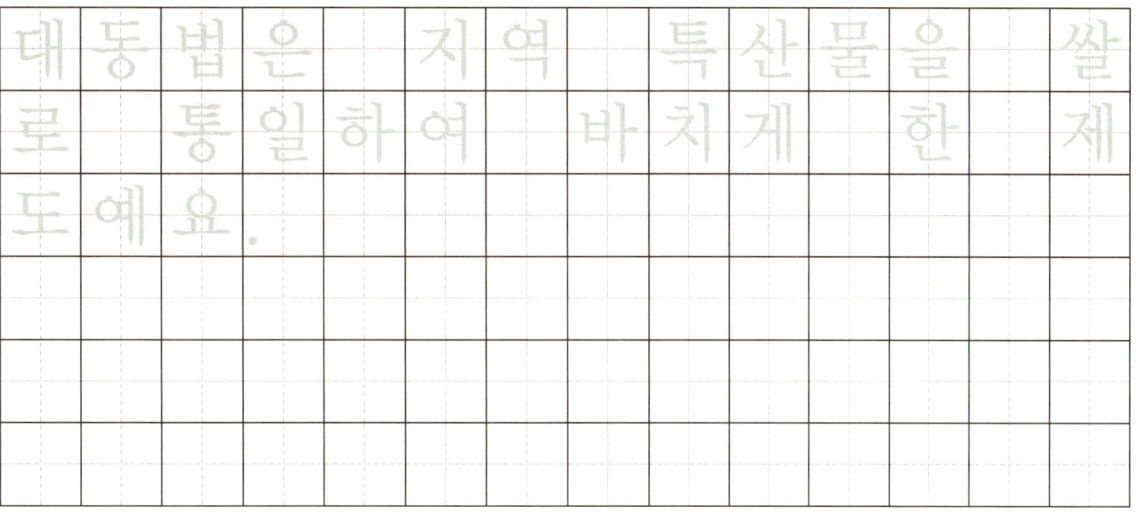

● 특산물을 점검하는 관리에게 뇌물을 바치지 않으면 퇴짜를 맞기 일쑤였어요.

● 대동법은 우선 경기도에서 먼저 실시하고 점차 전국으로 확대했어요.

이괄의 난 발발	정묘호란(후금) 발발	병자호란(청나라) 발발
1624년	**1627년**	1636년

30. 정묘호란, 병자호란

차시(월   일)

　여진족은 만주에서 점차 힘을 키우더니 마침내 금나라를 세웠어요. 역사에서는 이를 후금이라고 해요. 광해군을 쫓아내고 인조가 왕이 된 후 조선은 명나라와 가깝게 지내고 후금을 멀리하는 외교정책을 펼쳤어요. 이 때문에 후금은 1627년 정묘년에 조선을 침략했어요. 이를 **정묘호란**˚이라고 해요.

　이괄의 난˚으로 약해진 조선군을 몰아붙인 후금은 조선과 형제 관계임을 확인받고 물러갔죠. 그러나 조선이 계속 명나라에 치우친 외교를 펴자, 1636년 병자년 겨울에 대대적으로 조선에 쳐들어왔지요. 이때 후금은 나라 이름을 청으로 바꾸었어요.

　인조는 황급히 **남한산성**˚에 들어가 40여 일간 버티며 싸웠어요. 그러나 더 이상 버티기 어려워 결국 청나라 황제에게 항복하고 말아요. 이 전쟁으로 인해 **소현세자**˚, **봉림대군**˚ 등 왕족뿐만 아니라 많은 조선 백성이 청나라로 끌려가는 고통을 겪었어요.

[인물과 역사 어휘]
- **호란**: 북방에서 여진족이 쳐들어온 전쟁.
- **이괄의 난**: 인조반정 때 공을 세운 이괄이 우대받지 못하자 이에 불만을 품고 인조 2년(1624) 정월에 일으킨 반란.
- **남한산성**: 조선에서 외적을 방어하기 위하여 한양 남쪽에 쌓은 산성.
- **소현세자**: 인조의 장남. 효종의 형.
- **봉림대군**: 인조의 차남. 효종.

효종 즉위, 북벌정책 추진 1649년　　　제1차 예송 논쟁 1659년　　　제2차 예송 논쟁 1674년

● 여진족의 후금은 1627년 정묘년에 처음 조선을 침략했습니다.

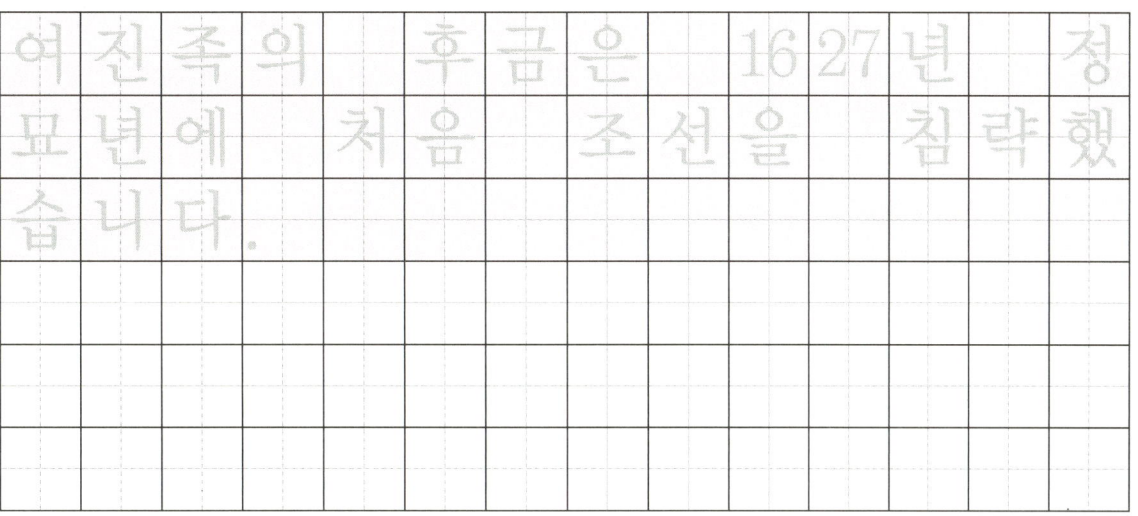

● 후금은 청나라로 이름을 바꾸고 1636년 병자년에 대대적으로 조선에 쳐들어왔어요.

● 인조는 남한산성에 들어가 40여 일간 버티며 싸웠으나 끝내 항복했어요.

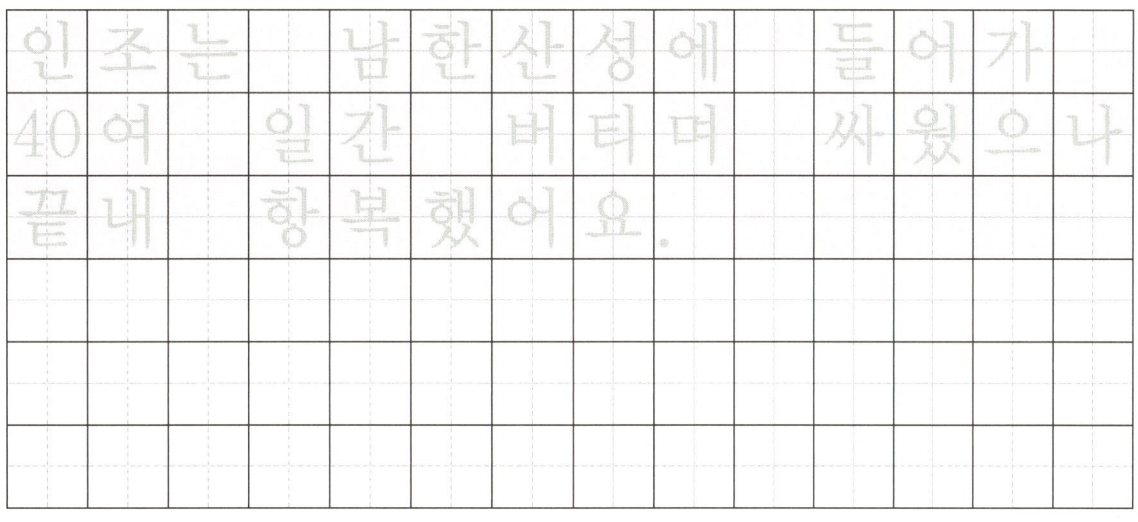

31. 상평통보 발행

차시(월   일)

　상평통보는 조선 시대에 사용된 대표적인 동전이에요. **엽전**이라고도 해요. 조선에서는 쌀이나 베 등의 물품 대신에 이를 바꾸어 쓸 수 있는 **화폐**를 마련하려고 했어요. 물품은 가지고 다니거나 거래하기에 불편했기 때문이에요. 특히 임진왜란과 병자호란 등 전쟁을 치르면서 화폐가 더 필요하게 됐어요. 조선 후기에는 상품 거래가 크게 늘어나면서 동전이 필요해진 사람들이 더 많아졌지요. 이러한 배경 때문에 상평통보가 등장한 거예요.

　1678년에 상평통보를 처음으로 만들어서 전국에 퍼뜨리고, 조선 말기까지 그대로 사용했어요. 그러나 동전을 널리 퍼뜨리는 일은 쉽지 않았어요. 어떤 부자들은 동전을 쓰지 않고 모아두기도 했어요. 그 바람에 시장에서는 동전이 부족해졌고, 정작 필요한 사람은 이용할 수 없었답니다. 이를 '**전황**'이라고 해요.

[인물과 역사 어휘]
- 엽전: 동전을 부르던 다른 말.
- 화폐: 상품을 교환하는 수단.
- 전황: 시장에서 동전이 부족해지는 현상.

임인옥사 발생			영조, 탕평책 시행			이인좌의 난 발발	
1722년			1725년			1728년	

● 상평통보는 조선 시대에 사용된 대표적인 동전이에요.

● 쌀, 베 등의 물품은 가지고 다니거나 거래하기에 불편했어요.

● 전쟁 후에 상품 교역이 크게 늘어나면서 동전이 더 필요해졌어요.

| 임인옥사 발생 | 영조, 탕평책 시행 | 이인좌의 난 발발 |
| 1722년 | 1725년 | 1728년 |

32. 영조의 즉위와 탕평책 시행

차시(월   일)

　탕평책은 **영조**˙가 **당파**˙ 사이의 싸움이 심해지자, 갈등을 줄이고 서로 협력할 수 있게 하려고 펼친 정책이에요. 탕평은 《**서경**》˙이란 책에서 따온 말로, '왕도는 공정하고 평평하다'라는 뜻이에요. 당파를 차별하지 않고 여러 당파에서 골고루 인재를 뽑아서 정권을 안정시키려고 했죠.

　그만큼 당시의 정치는 갈라지고 서로 싸우느라 나라 전체가 혼란스러웠어요. 심지어 서로 당파가 다르면 옷도 다르게 입었고, 결혼도 하지 않을 정도였죠. 상대 당파를 모함하여 내쫓고 죽이기도 해서 그 피해가 점점 심해졌어요. 그래서 영조는 여러 당파에서 사람을 고르게 뽑아 서로 화해할 수 있도록 한 거예요. **탕평비**˙를 세우고 당파의 이익을 앞세우는 주장은 하지 못하게 했어요. 그러나 근본적인 처방이 되지 못했어요.

[인물과 역사 어휘]

- **영조**: 조선의 제21대 왕. 1724년부터 1776년까지 조선의 왕 중에서 가장 긴 기간 통치. 백성의 세금 부담을 줄이고, 백성이 자신의 억울함을 알릴 수 있도록 신문고를 다시 만들었으며, 정치 싸움을 줄이려고 탕평책을 쓰는 등 여러 개혁 정책을 펼침.
- **당파**: 정치적 입장에 따라 갈라진 집단.
- **《서경》**: 중국 고대의 역사를 담은 책 이름.
- **탕평비**: 탕평책을 널리 알리기 위해 만든 비석.

정조 즉위	천주교 금지령 실시	화성 완공
1776년	1785년	1796년

● 탕평책은 영조가 당파 싸움을 줄이고 서로 협력할 수 있도록 펼친 정책이에요.

● 탕평은 《서경》에 나오는 말로, '왕도는 공정하고 평평하다'라는 뜻이에요.

● 여러 당파에서 골고루 인재를 뽑았어요.

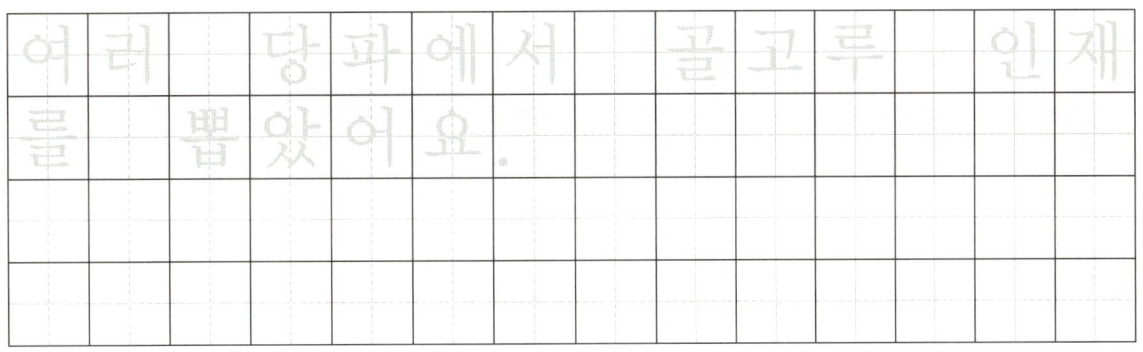

33. 정조 즉위와 화성 축성

차시(월   일)

정조는 조선 제22대 왕으로서, 영조와 함께 조선 후기의 문화 부흥을 이끌었어요. 영조의 아들 **장헌 세자**가 뒤주에 갇혀 죽고, 그 아들인 정조가 왕위에 오른 것이죠.

정조는 어려서부터 책 읽기를 좋아하였고, 학문에도 뛰어났어요. 그래서 법과 학문을 중심으로 정치를 펴는 '**문치주의**'를 중요하게 여겼죠. 당파 간 갈등을 뛰어넘어 개혁 정치를 펴서 여러 가지 업적을 이루기도 했어요. 인재를 차별 없이 뽑고, **규장각**을 설치하여 학문을 연구하고 각종 책을 펴내게 했어요. 또 문화와 제도를 정비하고, 수원에 아버지인 장헌 세자의 묘를 옮기면서 화성을 쌓았어요. 수원 화성은 방어 목적으로 지어진 성으로, 세계 문화유산으로 지정되었어요. 또 왕의 호위 군대인 '장용영'을 설치하는 등 강한 왕으로서 **왕도정치**의 모범을 보였어요. 글도 많이 썼는데, 정조의 글을 모아서 편찬한 책이 《홍재전서》예요.

[인물과 역사 어휘]
- 장헌 세자: 영조의 둘째 아들이자 정조의 아버지. 사도 세자로 더 많이 알려짐.
- 문치주의: 학문을 최고의 가치로 삼는 정치 이념.
- 규장각: 조선 후기 국가 도서관.
- 왕도정치: 도덕의 실현을 목표로 하는 정치사상.

| | 화성 완공 1796년 | 신유박해 발생 1801년 | 홍경래의 난 발발 1811년 |

● 정조는 영조와 함께 조선 후기 문화 부흥을 이끈 왕입니다.

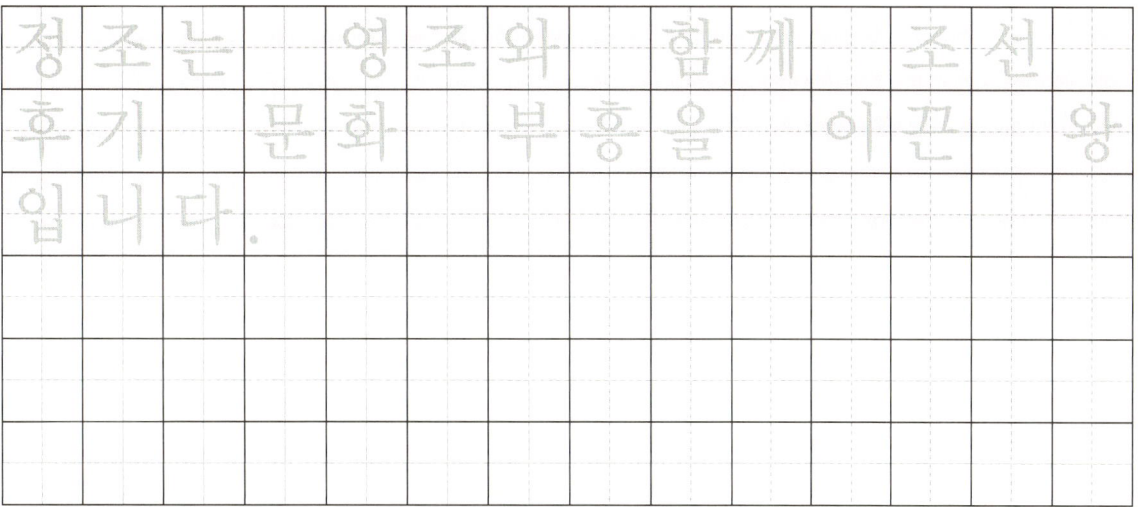

● 규장각을 설치하여 학문을 연구하게 하고 각종 책을 펴내게 했어요.

● 수원 화성은 방어 목적으로 지어진 성으로, 세계 문화유산으로 지정되었어요.

34. 신유박해

차시(월   일)

천주교는 조선 중기에 처음으로 우리나라에 알려졌어요. 서양인 신부 **마테오 리치**°의 《천주실의》°라는 책이 들어오면서였죠. 신분 차별이 있던 시절에 '누구나 똑같은 사람이다.'라고 주장했기 때문에, 따르는 사람들이 많아지고 신도도 점차 늘어났어요. 그러나 양반과 노비가 모두 똑같은 사람이라는 천주교의 주장은 양반들의 반발을 샀어요. 그들은 천주교가 제사 등 전통적인 유교 문화를 파괴한다고 여겼어요.

정조 때는 천주교에 대해서 온건한 정책을 폈지만, 정조가 죽자 천주교에 대해서 대대적인 탄압이 시작되었어요. 1801년 신유년의 신유박해가 대표적인 사건입니다. 이때 한국인 최초의 세례자 **이승훈**°을 비롯하여 많은 천주교 신자가 처형당하였어요. 또 1839년 기유년에는 외국인 선교사를 포함한 100여 명의 천주교 신자가 처형되었어요. 이를 기유박해라고 해요.

[인물과 역사 어휘]
- 마테오 리치: 이탈리아 출신 예수회 선교사.
- 《천주실의》: 우리나라에 최초로 전래된 천주교 교리서.
- 이승훈: 우리나라 최초의 세례자. 신유박해 때 처형당함.

- 《천주실의》라는 책을 통해 천주교가 우리나라에 처음 소개되었어요.

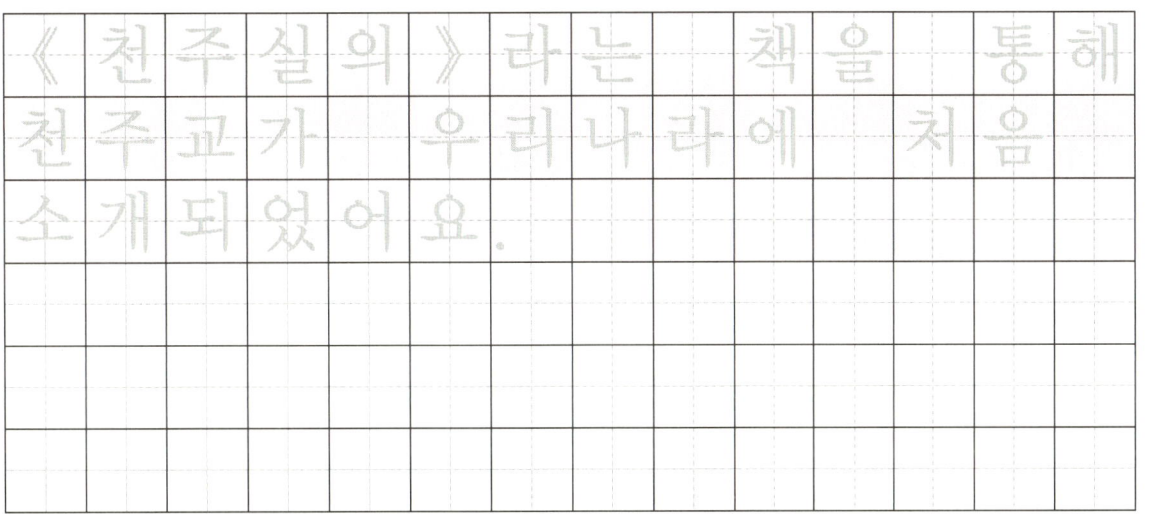

- 천주교는 신분적 평등을 주장하고 전통적인 유교 문화를 부정했어요.

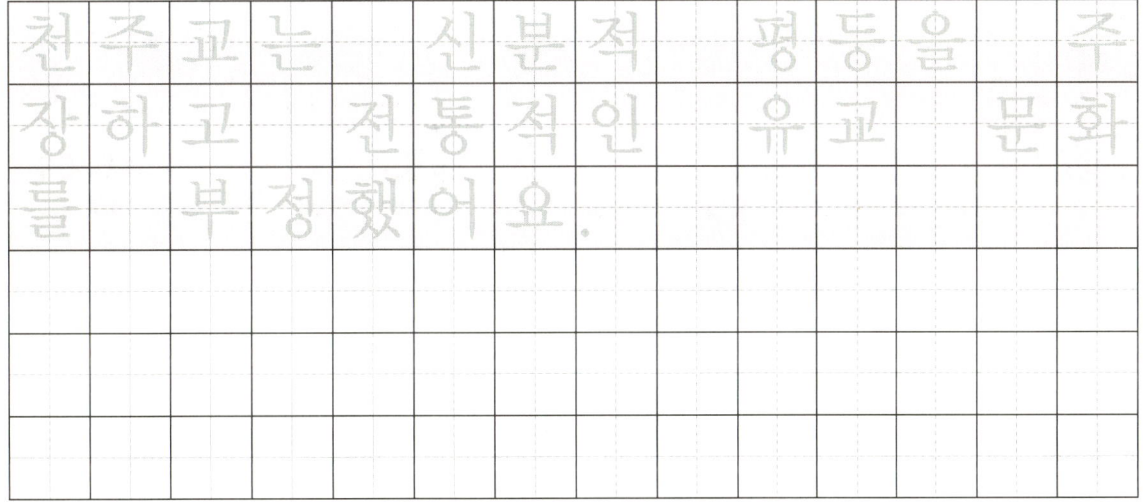

- 천주교 박해로 1801년 신유박해와 1839년 기유박해가 발생했어요.

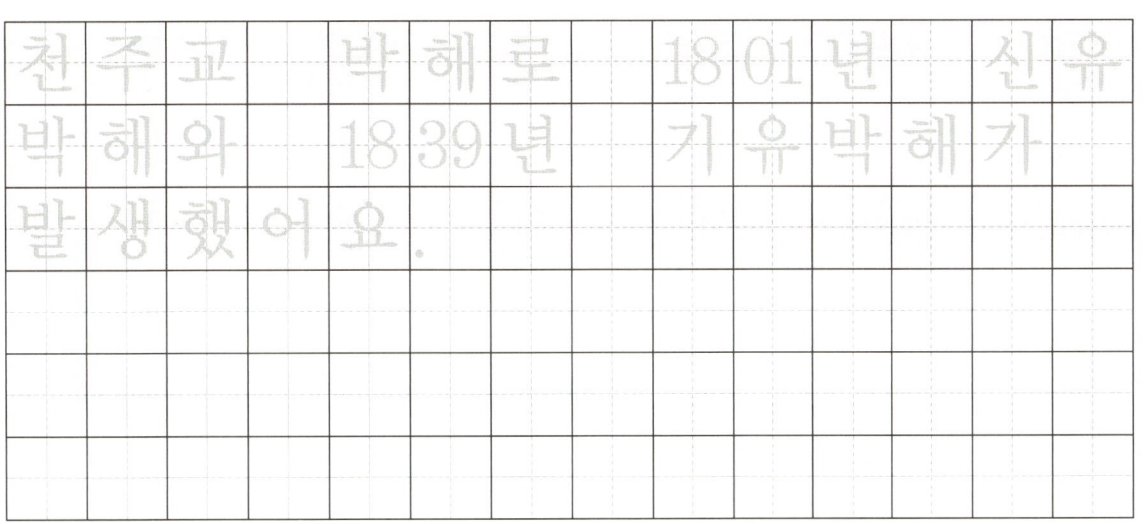

35. 새로운 학문 실학의 대두

차시(월   일)

    실학은 조선 후기에 나타난 실용적 학문을 말해요. 임진왜란과 병자호란을 거치면서 백성들의 삶이 어려워졌는데, 학문은 현실 문제와 너무 동떨어져 있어서 백성들에게 아무런 도움이 안 됐어요. 그래서 새로운 학문을 연구한 실학자들은 백성의 일상생활을 이롭게 하는 학문 (이용후생), 실제 국가 운영과 사회에 적용할 수 있는 학문 (경세치용)을 추구했어요. 중국을 통해 들어온 서양의 지식에서도 큰 영향을 받았죠.

    이수광˚의 《지봉유설》, **이익**˚의 《성호사설》 등이 실학을 열었고, **홍대용**˚, **박지원**˚, **박제가**˚, **정약용**˚ 등이 실학을 꽃피웠어요. 특히, 정약용은 실학을 **집대성**˚한 학자로 유명하답니다. 또 **김정희**˚는 정확한 사실을 바탕으로 하는 과학적이고 객관적인 학문 태도를 보였어요. 이를 '실사구시'라고 해요.

[인물과 역사 어휘]
- **이수광**: 조선 최초의 백과사전인 《지봉유설》을 쓴 조선 중기의 문신.
- **이익**: 천문, 지리, 역사, 제도, 군사, 풍속, 문학 등을 집대성한 《성호사설》을 쓴 조선 후기의 학자.
- **홍대용**: 조선 후기의 실학자이자 과학 사상가.
- **박지원**: 《열하일기》를 쓴 조선 후기의 실학자.
- **박제가**: 조선 후기의 실학자.
- **정약용**: 조선 후기의 문신, 실학자.
- **집대성**: 여러 가지를 모아 하나의 체계를 이루어 완성함.
- **김정희**: 조선 후기의 실학자. 추사체로 유명함.

최제우, 동학 창시 1860년 · 고종 즉위, 흥선대원군 집권 1863년 · 병인양요, 제너럴셔먼호 사건 발생 1866년

- 실학은 조선 후기에 나타난 실용적 학문을 말합니다.

- 학문이 현실 문제 해결에 아무런 도움이 안 된다는 반성으로 일어났어요.

- 백성들의 삶에 도움이 되는 이용후생, 경세치용의 실용적 학문을 추구했어요.

신유박해 발생	홍경래의 난 발발	최제우, 동학 창시
1801년	**1811년**	1860년

36. 홍경래의 난

차시(월   일)

　홍경래의 난은 순조 때인 1811년에 홍경래, 우군칙 등이 평안도에서 일으킨 대규모 난입니다. 조선에서는 신분 차별과 함께 출신 지역에 대한 차별이 있었답니다. 특히 평안도 등 서북 지역 출신들은 벼슬에 오르기가 어려웠어요. 그래서 난을 일으킨 거죠.

　이들은 지역을 차별하지 말 것, 그리고 **세도 정치**를 없앨 것을 주장했어요. 세도정치란 힘 있는 몇몇 집안이 권력을 잡고 나라를 다스리던 일을 말해요. 그들이 너무 많은 세금을 걷고 재물을 빼앗는 등 백성을 괴롭히는 일이 심각했기 때문에 이것을 바로잡으라고 요구한 거죠. 이때 조선은 농업 외에도 상공업 등 다양한 일을 하는 사람들이 많았어요. 그래서 몰락한 양반과 가난한 농민 외에도 광산 노동자 등이 이 난에 많이 참여했어요.

　처음에는 10여 개의 성을 점령하는 등 기세가 엄청났어요. 그러나 5개월 만에 **관군**에게 완전히 진압되었습니다. 홍경래 난은 비록 실패로 끝났지만, 영향력은 컸어요. 이후에도 각종 **민란**이 계속되어 조선 사회에 큰 타격을 주었고, 조선의 붕괴를 앞당기게 되었습니다.

[인물과 역사 어휘]
- **세도 정치**: 특정 가문이 권력을 잡고 나라를 다스리던 일.
- **관군**: 국가에 소속된 군대.
- **민란**: 백성들이 일으킨 난리.

고종 즉위, 흥선대원군 집권 1863년
병인양요, 제너럴셔먼호 사건 발생 1866년
신미양요 발발, 전국에 척화비 건립 1871년

- 순조 때인 1811년에 홍경래 등이 평안도에서 대규모 난을 일으켰습니다.

- 이들은 지역을 차별하지 말 것, 그리고 세도정치를 없앨 것을 주장했어요.

- 이 난은 실패로 끝났지만 조선 사회에 큰 타격을 주었습니다.

37. 고종의 즉위와 흥선대원군의 집권   차시(월   일)

　고종은 흥선대원군 이하응의 둘째 아들로, 12세에 조선의 제26대 왕이 되었어요. 대원군은 왕의 아버지에게 붙이는 호칭이에요. 철종이 뒤를 이을 아들 없이 죽자, 고종이 불려 와서 왕이 된 것이에요.

　흥선대원군은 왕의 아버지로서 막강한 권력을 휘둘러 나라의 중요한 일을 결정했어요. 부정부패를 저지르던 **탐관오리**부터 쫓아내고 양반에게도 세금을 내도록 만들었지요. 이는 백성들의 삶을 안정시키려는 조치였어요. 또 그동안 세금과 군역을 면제받아서 지방 행정을 어렵게 하고, 정치적 파벌을 만들어 **당쟁**의 중심지가 된 **서원**을 정리하여 문제를 해결하려 했어요.

　그러나 왕권을 더욱 단단히 할 목적으로 나라 살림이 어려운데도 경복궁을 다시 짓는 큰 공사를 하거나, 다른 나라와의 교류를 끊고 **쇄국 정책**을 고집하여 위기를 불러왔어요. 그러다 고종이 성인이 되어 직접 나라의 중요한 일을 담당하게 되자, 흥선대원군은 점차 권력에서 밀려나게 되었어요.

[인물과 역사 어휘]
- **탐관오리**: 백성의 재물을 탐내어 빼앗는, 행실이 깨끗하지 못한 관리.
- **당쟁**: 당파를 이루어 서로 싸우던 일.
- **서원**: 조선시대 사설 교육 기관으로, 학문을 배우고 유교의 성현을 제사 지내던 곳.
- **쇄국 정책**: 외국의 것을 받아들이지 않고 문을 닫는 정책.

신미양요 발발, 전국에 척화비 건립	운요호 사건 발생	조일수호조규 체결
1871년	1875년	1876년

● 고종은 흥선대원군 이하응의 둘째 아들로, 12세에 조선의 제26대 왕이 되었어요.

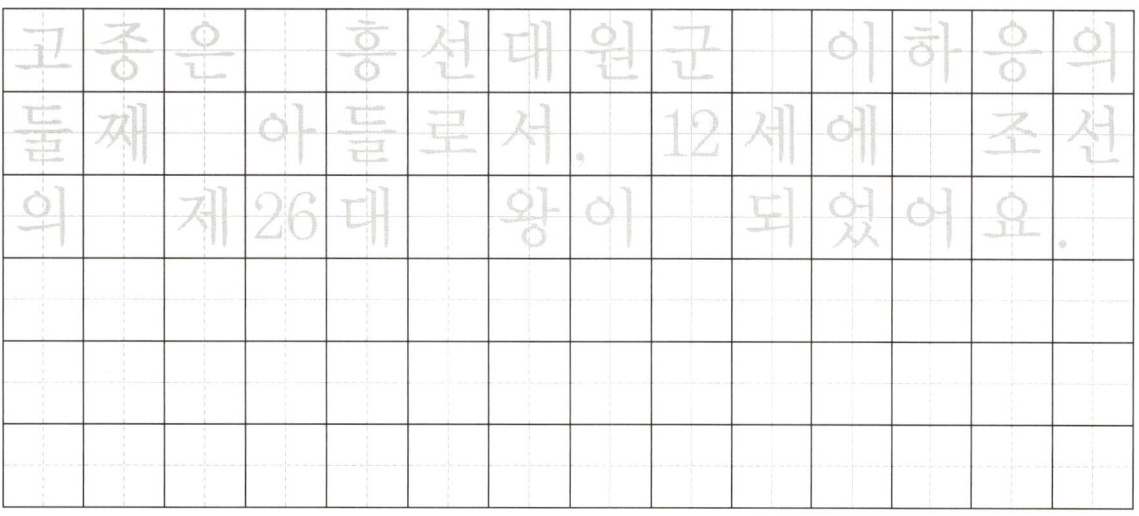

● 흥선대원군은 왕의 아버지로서 왕 대신 나라의 중요한 일을 결정했어요.

● 다른 나라와의 교류를 끊고 쇄국 정책을 고집하여 위기를 불러왔어요.

38. 신미양요

차시(월   일)

　신미양요는 1871년에 미국이 강화도를 침입한 사건이에요. 이에 앞서 1866년에 미국 상선 **제너럴셔먼호**가 평양 **대동강**까지 물길을 따라 올라와 **통상**을 요구하다가 총과 대포를 쏘았고 사람까지 죽게 되자, 평양 관군과 백성들이 배를 불태워 버린 사건이 있었어요. 미국은 이 사건을 계기로 조선을 **개항**시키기 위해 1871년에 강화도를 침입해 신미양요를 일으켰던 거예요.

　미국 해군은 강화도와 김포 사이의 강화 해협을 거슬러 올라와서 조선군과 전투를 벌였어요. 이때 광성보가 무너지고 많은 조선군이 죽었지요. 미국 해군은 20여 일간 머무르며 통상과 개항을 요구했어요. 그러나 흥선대원군의 강력한 쇄국 정책에 가로막혀 마침내 조선의 개항을 포기하고 함대를 철수시켰답니다.

　이 전쟁으로 조선에서는 외세를 거부하는 움직임이 더욱 커졌습니다. 결국 미국이 원한 조선의 개항은 아무런 소득 없이 끝났어요.

[인물과 역사 어휘]
- **제너럴셔먼호**: 미국의 상선 이름.
- **대동강**: 평양 등 평안남도를 흐르는 강.
- **통상**: 나라들 사이에서 서로 물품을 사고, 파는 것.
- **개항**: 항구를 개방함.

조일수호조규 체결 1876년 　　　 일본에 수신사 파견 1880년 　　　 임오군란 발생. 일본과 제물포조약 체결 1882년

● 신미양요는 1871년 미국이 강화도를 침입한 사건입니다.

　　신미양요는　1871년　미국이
　　강화도를　침입한　사건입니다.

● 미국은 1866년 제너럴셔먼호가 불탄 사건을 빌미로 조선을 개항시키려고 했어요.

　　미국은　1866년　제너럴셔먼호
　　가　불탄　사건을　빌미로　조
　　선을　개항시키려고　했어요.

● 미국은 흥선대원군의 강력한 쇄국 정책에 막혀 결국 함대를 철수시켰습니다.

　　미국은　흥선대원군의　강력한
　　쇄국　정책에　막혀　결국　함
　　대를　철수시켰습니다.

운요호 사건 발생	조일수호조규 체결	일본에 수신사 파견
1875년	1876년	1880년

39. 운요호 사건과 조선의 개국

차시(월   일)

　1875년에 일본 **군함** 운요호가 강화도 초지진과 영종진에서 조선군과 전투를 벌인 사건을 말해요. 일본에서 계획적으로 일으킨 사건이에요. 앞서 일본은 1854년에 미국의 요구로 서양의 강대국에 **문호**를 개방한 뒤, **메이지 유신**에 성공하면서 국력을 키웠어요. 그리곤 조선에 상호 통상을 요구한 거예요.

　그러나 조선은 강력한 쇄국 정책을 펴고 있었어요. 일본은 조선을 개방할 구실을 찾아야 했죠. 그러다가 흥선대원군이 물러나고 고종이 직접 정치를 하게 되자 운요호를 보내서 강화도에 무단으로 침입한 거예요. 일본은 "조선이 **국제법**을 지킨 운요호를 먼저 공격했다."라며 왜곡된 주장을 했어요. 이 사건으로 조선은 1876년에 일본과 **강화도 조약**을 맺게 되었어요. 조선과 일본이 맺은 불평등 조약이에요.

[인물과 역사 어휘]
- 군함: 군사적 목적의 배.
- 문호: 외부와 교류하기 위한 통로나 수단.
- 메이지 유신: 일본에서 추진한 근대화 운동.
- 국제법: 국가와 국가 간에 지켜야 할 법규.
- 강화도 조약: 조선과 일본 사이에 체결된 불평등 조약. 정식 명칭은 '조일수호조규'.

- 1875년에 일본 군함 운요호가 강화도에서 조선군과 전투를 벌였어요.

- 조선을 개방할 구실을 찾던 일본이 꾸민 일이에요.

- 이 사건으로 1876년에 조선은 일본과 강화도 조약을 맺었습니다.

40. 임오군란

차시(월   일)

　임오군란은 1882년에 조선의 구식 군대 군인들이 신식 군대인 **별기군**˚과의 차별과 밀린 임금에 불만을 품고 일으킨 사건이에요. **훈련도감**˚에서 해고된 군인들은 13개월 동안 제대로 임금을 받지 못하였어요. 그런데 정부가 썩은 쌀에다 모래와 겨를 잔뜩 섞어 밀린 임금을 주자 폭동이 일어난 거예요.

　이 일로 흥선대원군이 다시 권력을 잡았고, 외국 세력을 배척하는 위정척사파가 다시 등용되었어요. 이때 중전 **민씨**˚는 가까스로 난을 피하여 청나라에 구원을 요청하였어요. 그 결과 흥선대원군은 청나라로 잡혀가고 **김옥균**˚ 등 급진적인 개화파들도 조정에 들어오게 되는데, 이들을 **개화당**˚이라고 불렀어요.

　이 사건으로 조선에 대한 청나라의 간섭이 커지고 일본과는 그 손해를 물어주기 위해 제물포 조약을 맺어야 했어요. 이는 외국 세력을 끌어들여 더 큰 화를 불러오는 일이었어요.

[인물과 역사 어휘]
- 별기군: 고종 18년(1881)에 조직한 근대식 군대. 일본인 교관을 채용하여 근대식 군사 훈련을 시킴.
- 훈련도감: 한양 방어를 위해 설립된 중앙군.
- 중전 민씨: 고종의 왕비 민씨. 훗날의 명성황후.
- 김옥균: 조선 말기의 개화파 정치가.
- 개화당: 개화를 지지한 정치 세력.

동학 농민 운동, 갑오개혁, 청일전쟁 발발 1894년
을미사변 발생 1895년
고종, 아관파천. 독립 협회 결성 1896년

● 임오군란은 1882년에 조선의 구식 군대 군인들이 일으킨 사건입니다.

● 중전 민씨는 가까스로 난을 피하여 청나라에 구원을 요청했어요.

● 이 사건으로 청나라의 간섭이 커지고 일본과는 제물포 조약을 맺어야 했어요.

갑신정변 발생	동학 농민 운동, 갑오개혁, 청일전쟁 발발	을미사변 발생
1884년	1894년	1895년

41. 동학 농민 운동

차시(월   일)

　동학 농민 운동은 1894년에 일어난 동학도와 농민 중심의 항쟁이에요. **최제우**˙가 창시한 종교인 '**동학**˙'을 믿는 사람들이 핵심이었어요.

　앞서 1892년에 전라도 고부군수 조병갑이 농민에게 과중한 세금을 부과하여 농민들의 불만을 샀어요. 이에 **전봉준**˙이 우두머리가 되어 한양으로 올라가 탐관오리를 처벌하고 가난한 백성들을 살펴달라는 상소를 올리기로 했어요. 그래서 전라도, 충청남도 등지에서 20만 명의 동학 농민군이 들고 일어났어요.

　동학 농민군은 전북 정읍 황토현 일대에서 관군을 무찌르고 첫 승리를 거두기도 하였지만, 신식 무기로 무장한 일본군과 관군의 상대가 되지 않았어요. 농민군은 충남 공주 부근의 우금치 등에서 패했고, 전봉준은 한양으로 붙잡혀 와서 처형되었습니다.

　일본은 이 사건을 구실로 청일전쟁을 일으켜 조선에 대한 영향력을 키웠어요. 비록 동학 농민 운동은 실패했지만, 이후에 항일 의병 투쟁과 3·1운동으로 이어졌어요.

[인물과 역사 어휘]
- **최제우**: 조선 말기의 동학의 창시자. 호는 수운.
- **동학**: 세상과 백성을 구제하겠다는 뜻으로 최제우가 창시한 민족 종교.
- **전봉준**: 조선의 농민 운동가. 별명은 녹두장군.

- 동학 농민 운동은 1894년에 일어난 동학 농민 중심의 항쟁입니다.

- 전라도, 충청남도 등지에서 20만 명의 농민군이 들고 일어났어요.

- 농민군은 우금치에서 패했고, 전봉준은 한양으로 붙잡혀 와서 처형되었습니다.

42. 갑오개혁   차시(월   일)

갑오개혁은 1894년 갑오년에 추진한 근대화 개혁이에요. 신분제를 없애고, 세금을 돈으로 내며, 과거 시험을 폐지하고, 과부의 재혼을 허용하고, 머리를 짧게 깎는 단발령을 시행한다는 내용이 담겨 있어요. 개혁은 1896년 2월까지 계속됐어요.

동학 농민 운동 때문에 조선에 파병된 일본군은 조선에 그대로 머무르며 나라를 개혁할 것을 요구했는데, 그때 만들어진 기관이 **군국기무처**예요. 이 기관을 중심으로 추진한 것이 갑오개혁이죠. 일본은 조선에서 영향력을 키우는 한편, **청일 전쟁**을 일으켜서 청나라를 조선에서 물러가게 하려고 했어요. 그러나 러시아가 프랑스와 독일을 끌어들여 일본을 견제하는 '**삼국 간섭**' 때문에 실패로 끝났죠.

비록 갑오개혁은 중간에 실패한 개혁이 되고 말았지만, 조선 **근대화**의 중요한 시작점이 되었어요. 다만, 일본의 무력에 의존했기 때문에 백성의 반발이 컸어요.

[인물과 역사 어휘]
- **군국기무처**: 1894년 제1차 갑오개혁 때 만들어진 기구.
- **청일 전쟁**: 1894~1895년 조선에 대한 지배권을 둘러싸고 청나라와 일본 사이에 벌어진 전쟁.
- **삼국 간섭**: 러시아, 프랑스, 독일이 일본을 견제하기 위해 간섭한 사건. 일본이 청일 전쟁으로 얻은 랴오둥반도를 청나라에 돌려주도록 함.
- **근대화**: 전통 사회에서 근대 사회로 발전해 감.

- 갑오개혁은 1894년 갑오년에 추진한 근대화 개혁이에요.

- 비록 실패로 끝났지만, 갑오개혁은 조선 근대화의 중요한 시작점이 되었어요.

- 갑오개혁은 일본의 무력에 의존하였다는 점 때문에 백성들의 반발을 불러왔어요.

43. 을미사변

차시(월 일)

　을미사변은 1895년에 일본 자객들과 일본군이 궁궐에 침입하여 고종의 왕비인 명성황후를 살해한 사건이에요. '명성황후 시해시건'이라고도 합니다.

　당시 일본은 조선 내에서 영향력이 약해져 있었어요. 조선은 러시아와 손을 잡고 일본 세력을 쫓아내려고 했는데, 그 중심에 명성황후와 주한 러시아 **공사**˙인 **베베르**˙가 있었어요. 그러자 일본은 조선에 파견된 일본 공사 '미우라 고로'의 지휘 아래 일본 자객들을 보내 경복궁에 쳐들어왔어요. 이들은 왕비를 살해하고 그 시신을 불태우는 만행을 저질렀어요.

　이 일로 위협을 느낀 고종은 1896년 2월에 러시아 공사관으로 피신했는데, 이를 '**아관 파천**˙'이라고 해요. 일본의 만행은 전국의 백성들을 분노하게 했고, 이것은 **항일 의병**˙이 일어나는 원인이 되었어요.

[인물과 역사 어휘]
- **공사**: 국가를 대표하여 파견되는 외교 사절.
- **베베르**: 주한 러시아 공사.
- **아관 파천**: 1896년 2월부터 1897년 2월까지 고종과 세자가 러시아 공사관으로 피신해 있던 사건. 이에 따라 일본 세력의 힘이 약화되고 러시아의 영향력이 커짐.
- **항일 의병**: 일본 세력을 물리치기 위해 백성들이 자발적으로 조직한 군대.

- 을미사변은 1895년에 일본의 자객들이 고종의 왕비를 살해한 사건입니다.

- 당시 일본은 조선 내에서 영향력이 약해져 있었어요.

- 을미사변은 전국적인 항일 의병이 일어나는 원인이 되었어요.

44. 독립 협회의 설립

차시(월   일)

　독립 협회는 1896년에 서울에서 설립한 단체예요. 고종이 러시아 공사관으로 피한 아관 파천은 국가의 자주권에서 보면 매우 심각한 문제였어요. 이에 국가의 자주권을 회복하고 정치적 혼란을 수습해야 한다는 목소리가 많아졌지요.

　그래서 뜻있는 사람들이 나서기 시작했어요. 1896년에 서재필이 순한글로 된 〈독립신문〉을 창간하고 배포하는 것을 적극적으로 지원했고, 이어서 독립 협회를 만들었죠. 또 조선 시대에 중국 사신을 맞이하던 영은문을 헐어 버리고 그 자리에 **독립문**을 세웠습니다. 고종도 왕실의 권위를 회복하기 위해 독립 협회의 창립을 허가했어요.

　독립 협회는 신분적 차별이나 노비제의 폐지, 여성 교육의 필요성 등을 주장했어요. 근대적 제도 개혁 운동으로서 갑오개혁을 계승했다고 할 수 있습니다. **민족주의**, **민주주의**, 근대화 운동을 전개하려는 목적이었어요.

[인물과 역사 어휘]
- **독립신문**: 서재필, 윤치호가 창간한 우리나라 최초의 민간 신문.
- **독립문**: 우리나라의 영구적인 독립을 선언하기 위해 세운 문.
- **민족주의**: 민족의 독립과 통일을 가장 중요하게 여기는 사상.
- **민주주의**: 국가의 주인이 국민이라는 정치사상.

| 만민 공동회 개최 | 을사조약 체결 | 헤이그에 밀사 파견, 국채 보상 운동 전개 |
| 1898년 | 1905년 | 1907년 |

- 독립 협회는 1896년에 서울에서 설립한 단체예요.

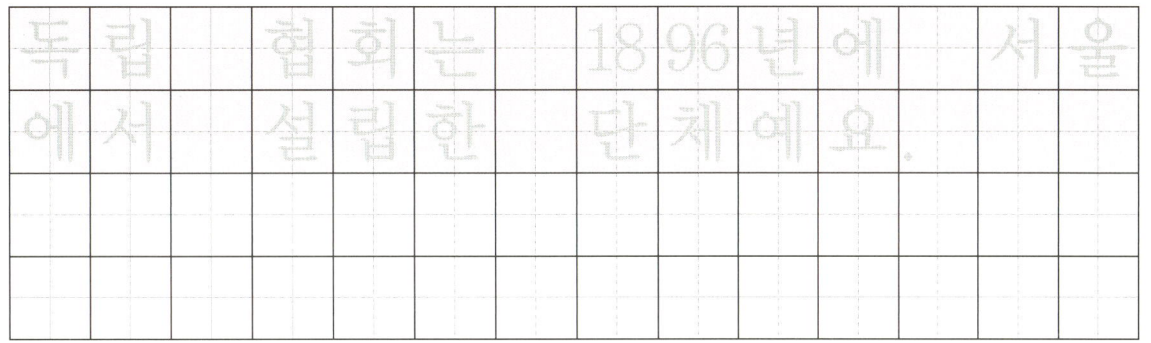

- 국가의 자주권 회복과 정치적 혼란 수습 등에 대한 요구로 만들어졌어요.

- 근대적 제도 개혁 운동으로서 갑오개혁을 계승했다고 할 수 있습니다.

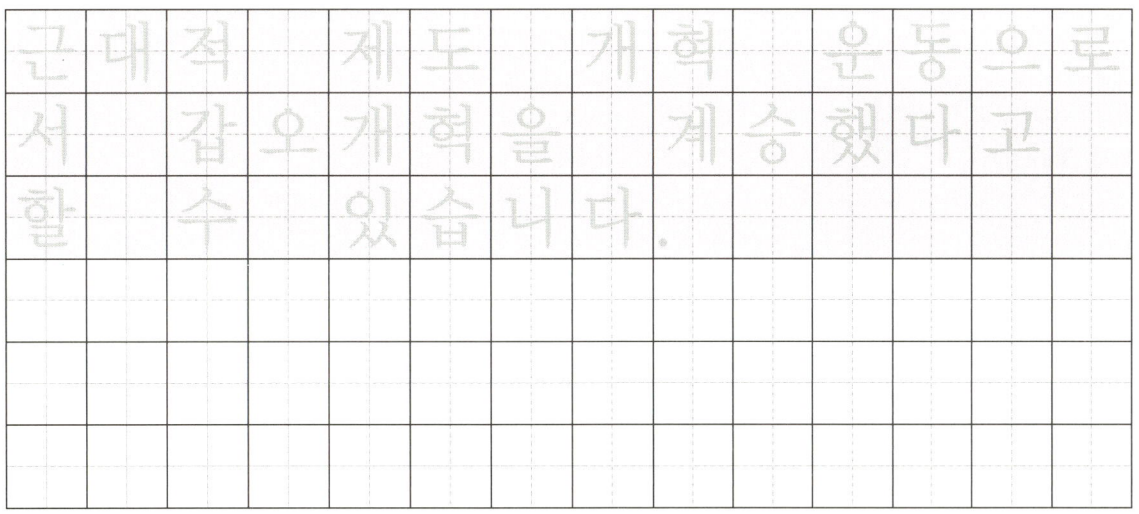

| 고대~삼국 시대 | | 고려 시대 |

| 알아 두면 쓸모 있는 한국사 상식 |

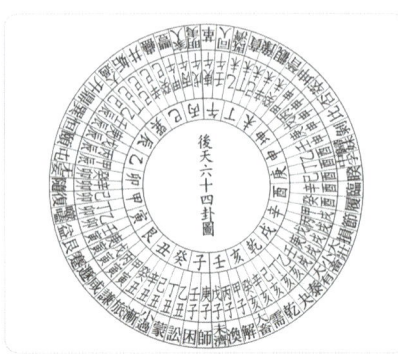

육십갑자

1. 옛날 사람들은 연도를 어떻게 썼을까요?

옛날 사람들은 연도를 표시할 때 갑자년, 을축년, 병인년 등으로 간지를 썼어요. 간지는 하늘의 천간 10개와 땅의 지지 12개를 조합해서 60개의 순서를 만들어 쓰는 규칙이에요. 그래서 임진년에 일어난 왜적의 침입을 임진왜란, 병자년에 일어난 북방 여진족의 침입을 병자호란이라고 하는 거예요.

☞ 10천간을 한 줄로 6번 쓰고 이에 맞추어 12지지를 5번 열 맞추어 쓰면 이른바 갑자, 을축부터 임술, 계해까지 60갑자가 구성되는 거예요.

영조 어진

2. 왕들에게 붙이는 '조'와 '종', 좀 헷갈리죠?

'조'는 제1대 왕인 태조에게 붙이는 이름입니다. 그래서 원칙상 '조'는 한 왕조에 한 명 있는 게 맞아요. 하지만 조선에서는 세조, 선조, 인조, 영조, 정조, 순조처럼 여러 명의 왕에게 '조'를 붙였어요. 후대에 여러 가지 이유를 붙여 '조'를 붙였기 때문에 혼란해진 거예요.

☞ 영조는 원래 "영종"이었지만, 1889년(고종 26년)에 "영조"로 바뀌었어요. 탕평책, 균역법 등 개혁을 단행한 영조의 공을 인정하여 "영조"로 바꾼 거예요.

앙부일구

3. 노비가 관리가 되었네요?

원래 동래의 관청에서 부리는 노비였던 장영실은 재주가 뛰어났어요. 태종 때 처음 관리가 되었고, 세종도 그 재주를 아꼈어요. 스스로 시간을 알려주는 자격루, 해시계인 앙부일구, 비 내린 양을 측정하는 측우기, 각종 천문 관측기구를 만들었어요.

☞ 앙부일구는 솥 모양의 그릇 안쪽에 24절기를 나타내는 눈금을 새기고, 북극을 가리키는 바늘을 꽂아 만들었어요. 바늘의 그림자가 가리키는 눈금에 따라 시각을 알 수 있었죠.

| 조선 시대 | | 대한제국~현대 |

4. 철갑을 두른 배, 거북선!

갑자기 철갑을 두른 배가 나타나서 돌진해 오자 왜적은 혼비백산했어요. 머리에선 불을 뿜고 사방에서는 화포가 쾅쾅! 지붕에는 뾰족뾰족 날카로운 창날이 빛나니, 얼마나 두려웠을까요? 거북선은 여기저기 다니며 이 땅에 쳐들어온 왜적의 배들을 모조리 깨뜨렸어요.

☞ 거북선은 임진왜란 때 이순신이 만든 거북 모양의 돌격 전함이에요. 세계 최초의 철갑선이라는 평가를 받고 있어요.

거북선

5. 월화수목금토일… 조선 시대에도 일주일이 있었나요?

아니요, 없었어요! 조선 시대 사람들은 10일 단위로 살았어요. 그래서 한 달을 10일 단위로 초순, 중순, 상순이라고 하였어요. 그러다가 1894년 갑오개혁 때 서양식 제도를 도입하면서 지금과 같은 1주일 7일제가 서서히 정착된 것이에요.

☞ 군국기무처는 갑오개혁을 추진했던 최고 정책 결정 기관이에요. 정치, 군사에 관한 모든 일을 결정하고 처리했는데, 그동안 처리한 안건만 약 210건이 된다고 해요. 7월부터 10월까지 약 3개월 동안 활동하다가 폐지되었어요.

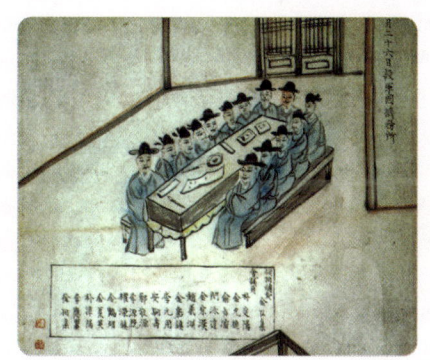

군국기무소

6. 세계기록유산 '조선왕조실록'은 위대한 기록이네요!

조선왕조에는 모두 27명의 왕이 있었어요. 518년 동안의 역사죠. 그 역사를 날짜순으로 기록한 책이 '조선왕조실록'이에요. 글자 수도 약 5천만 자에 이르러 세계적으로도 가장 방대하고 충실한 역사 기록이랍니다. 유네스코의 세계 기록 유산으로도 지정되었죠.

☞ 실록은 왕이 죽은 후 실록청에서 편찬하고 네 군데에 1부씩 나누어 보관했어요. 한 곳이 없어져도 다른 곳의 실록으로 복원할 수 있게 한 거죠. '조선왕조실록'은 왕도 함부로 볼 수 없었답니다. 후대에 교훈이 되도록, 역사가가 사실 그대로를 기록하게 했죠.

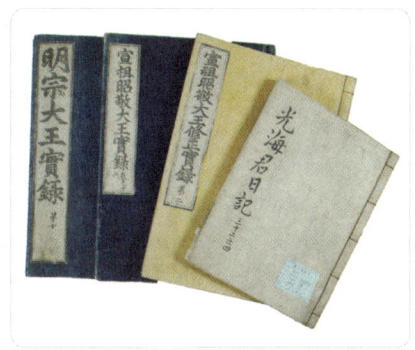

조선왕조실록

대한제국 ~ 현대

고종은 1897년에 대한제국을 선포하였지만, 힘이 없어 끝내 일본에 나라를 강제로 빼앗겼어요. 우리 민족은 3·1운동을 벌이는 등 끊임없이 우리나라의 독립을 위해 싸웠어요. 마침내 세계 제2차 대전에서 패한 일본의 항복으로 우리나라는 광복을 맞게 되었습니다. 우리나라는 6·25전쟁을 겪었지만, 이에 굴하지 않고 놀라운 경제 성장과 높은 문화의 힘을 이룩한 나라가 되었습니다.

45. 을사조약   차시(월   일)

　을사조약은 1905년 을사년에 자주 국가로서 대한제국의 **외교권**을 일본이 강제로 빼앗은 조약이에요. 고종은 끝까지 인정하지 않았어요. 그래서 억지로 맺은 조약이란 의미로 을사늑약이라고 하기도 해요.

　일본은 이미 대한제국을 강제로 집어삼키기 위한 준비 작업을 하고 있었어요. 영국·미국 등과는 비밀 협상을 통해 대한제국을 일본이 차지하는 것을 약속받았어요. 또 청일 전쟁과 러일 전쟁에서 승리한 후에는 더욱 거침없이 대한제국을 차지하기 위한 일을 서둘렀습니다. 마침내 일본은 군대를 동원하여 고종과 주요 대신들을 궁궐에 가두고 이 조약을 체결하도록 강요했어요.

　을사조약은 국제법에 어긋나는 불법 조약이에요. 그러나 일본은 이를 구실로 대한제국의 외교권을 빼앗아 대한제국에 와 있는 외국의 공관을 모두 철수시켰어요. 또 이 조약으로 대한제국에 **통감부**가 설치되고 초대 통감으로 **이토 히로부미**가 오면서 경제적으로도 일제의 침략이 더욱 확장되었어요.

[인물과 역사 어휘]
- 외교권: 국제법에서, 주권 국가로서 외국과 외교를 할 수 있는 권리.
- 통감부: 일본이 을사조약을 체결한 뒤 대한제국 한성부에 설치했던 관청.
- 이토 히로부미: 일본의 정치가. 일본의 초대 내각총리대신.

- 을사조약은 1905년에 일본이 대한제국의 외교권을 강제로 빼앗은 조약이에요.

- 일본은 고종과 주요 대신들을 가두고 불법적인 조약을 체결하도록 강요했어요.

- 이 조약으로 대한제국에 통감부가 설치되고 일제의 침략이 더욱 확장되었어요.

46. 헤이그 밀사 파견과 국채보상운동

차시(월   일)

　헤이그 밀사 파견은 을사조약이 불평등 조약임을 세계에 알리기 위해 특사를 파견한 외교 활동이에요. 1907년에 고종은 네덜란드 **헤이그**에서 열리는 제2회 **만국 평화 회의**에 **이상설**, **이준**, **이위종**을 비밀리에 파견하여 일제에 강제로 외교권을 박탈당한 실상을 알리려고 했어요. 그러나 일본제국의 방해와 서구 열강들의 무관심으로 회의 참석과 발언을 거부당하고 말았어요.

　국내에서는 같은 해에 국채 보상 운동이 일어났어요. 국가가 일본에 진 빚을 국민들이 대신 갚기 위해 시작된 모금 운동이지요. 이 운동은 대구에서 시작되어 전국으로 퍼졌고, 각계각층이 이 운동에 참여했어요. 그러나 일본의 방해로 인해 목표를 달성하지 못하고 중단되었어요. 이 역시 대한제국이 국권을 회복하기 위한 중요한 민족 운동이었어요.

[인물과 역사 어휘]
- 헤이그: 네덜란드의 도시 이름.
- 만국 평화 회의: 네덜란드 헤이그에서 1899년, 1907년에 2차례 열린 국제 평화 회담.
- 이상설: 대한제국의 관료, 독립운동가.
- 이준: 대한제국의 관료, 외교관.
- 이위종: 대한제국의 관료, 외교관이자 독립운동가.

● 고종은 네덜란드 헤이그에서 열리는 만국 평화 회의에 특사를 파견하였습니다.

● 을사조약이 불평등 조약임을 알리기 위한 외교 활동이었어요.

● 국채 보상 운동은 일본에 진 빚을 갚기 위해 시작된 모금 운동입니다.

47. 안중근 의사의 의거

차시(월   일)

　안중근 의거는 안중근 **의사**가 중국 **하얼빈** 역에서 일본의 이토 히로부미를 사살하여 일본의 만행을 알린 사건이에요. 안중근은 **연해주**에서 의병 운동을 일으켰으며 각종 모임을 만들어 애국 사상을 높이고 의병의 군사 훈련을 담당했습니다.

　1909년 2월, 대한제국을 빼앗는 데 앞장선 이토 히로부미와 친일파를 제거하기 위해 안중근을 비롯한 동지 12명이 모여 **단지 동맹**을 결성했어요. 그리고 손가락을 잘라 그들의 의지를 피로써 맹세했지요. 마침내 안중근은 1909년 10월 26일 오전에 하얼빈 역에서 이토 히로부미를 사살하였고, 현장에서 체포되었어요.

　재판에서 '왜 이런 일을 벌였느냐'라는 질문을 받은 안중근은 이토 히로부미가 대한제국의 독립 주권을 침탈한 원흉이라고 당당하게 말했어요. 이토는 동양의 평화를 무너뜨리는 자이므로, **대한 의군**의 참모 중장으로서 당연히 그를 처단해야 한다는 주장이었죠.

　재판은 일본인만 참여했던 부당한 정치적 재판으로 진행됐어요. 안중근은 1910년 3월에 뤼순 감옥에서 사형당했습니다.

[인물과 역사 어휘]
- **의사**: 나라와 민족을 위해 제 몸을 바쳐 일하려는 뜻을 가진 의로운 사람.
- **하얼빈**: 중국 헤이룽장성의 도시.
- **연해주**: 러시아 극동 지방에 속한 주.
- **단지 동맹**: 손가락을 잘라 결의한 모임.
- **대한 의군**: 독립군 군사 조직의 하나.

● 안중근 의사가 1909년 중국 하얼빈 역에서 이토 히로부미를 사살한 사건입니다.

● 대한의군 참모중장의 군인 신분으로 침략의 원흉을 처단한 일이라고 말했습니다.

● 안중근 의사는 1910년에 뤼순 감옥에서 사형당했습니다.

48. 일제의 국권 침탈

차시(월   일)

　일본은 1910년 8월 29일에 대한제국의 국권을 강제로 빼앗고 마침내 자신들의 **속국**˙으로 만들었습니다. 이날을 경술년(1910년)의 치욕이라는 뜻으로 경술국치라고 합니다.

　당시 일본은 1905년의 을사조약을 통해 대한제국의 외교권을 빼앗고 통감부를 설치하여 사실상 대한제국의 국권을 침탈했어요. 1907년에는 **행정권**˙과 **입법권**˙을, 1909년에는 **사법권**˙을 빼앗더니, 마침내 1910년에 대한제국의 모든 통치권으로 일본에게 넘겨주는 한일 합병 조약을 체결하여 대한제국의 국권을 강제로 완전히 빼앗았어요. 하지만 이것도 불법적인 일이었어요.

　이 일에 앞장선 **이완용**˙, 박제순, 고영희 등은 일본으로부터 막대한 대가를 받았어요. 이렇게 나라를 팔아먹는 일에 앞장선 자들을 매국노라고 해요. 이로써 조선 왕조는 500여 년 만에 막을 내리게 되었고, 백성들은 나라를 잃고 많은 고통을 받았어요.

[인물과 역사 어휘]
- 속국: 자주권을 잃고 다른 나라에 종속된 나라.
- 행정권: 국가의 통치권.
- 입법권: 법률을 만들 수 있는 권리.
- 사법권: 법률에 따라 재판할 수 있는 권리.
- 이완용: 조선, 대한제국 때의 관리. 매국노.

● 일본은 1910년 8월 29일에 대한제국의 국권을 강제로 완전히 빼앗습니다.

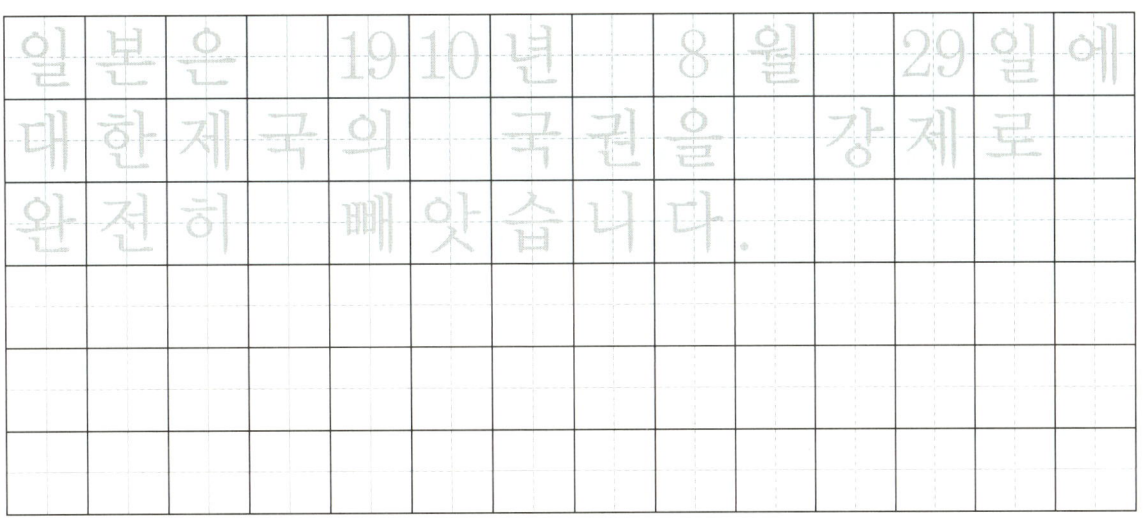

● 이날을 경술년(1910년)의 치욕이라는 뜻으로 경술국치라고 합니다.

● 이로써 조선 왕조는 500여 년 만에 막을 내리게 되었습니다.

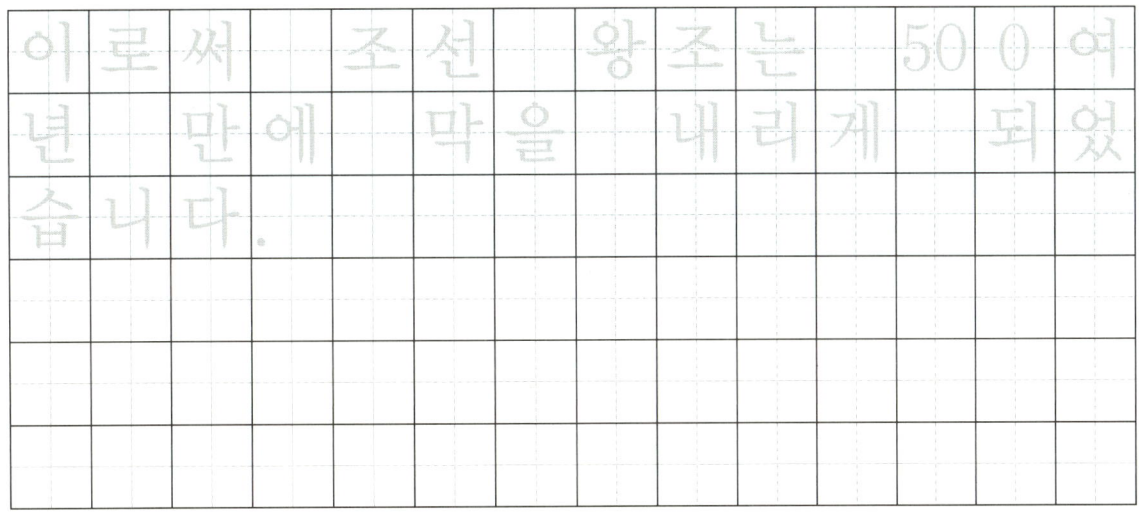

49. 3·1운동

차시(월   일)

　3·1운동은 일제 강점기인 1919년 3월 1일에 일제의 지배에 저항하여 한일 합병 조약의 무효와 한국의 독립을 선언하기 위해 일어난 비폭력 만세 운동이에요. 기미년에 일어났다 하여 기미독립운동이라고도 해요.

　제1차 세계대전 후 미국 대통령 윌슨의 **민족 자결주의**에 자극을 받아 일본 도쿄에서는 유학생의 2·8독립 선언이 있었어요. 그러자 국내에서도 마침내 민족 대표 33인이 모여서 독립 선언서를 발표했어요. 그리고 거리에 수많은 학생과 군중이 쏟아져 나와 '대한 독립 만세'를 외치며 시위 행진을 펼쳤죠. 만세 운동에 대한 일제의 탄압은 가혹했어요. **유관순**, 손병희, 이승훈 등 많은 사람들이 붙잡혔고 감옥에서 끔찍한 고문을 받기도 했어요. 하지만 3·1운동은 세계적으로 큰 영향을 미쳤어요. 중국에서 일어난 5·4운동에 영향을 주기도 했죠. 또한 세계의 이목을 집중시켜 한국 독립운동에 대한 인식을 새롭게 하였고, 중국 상하이에서는 대한민국 임시 정부가 세워지는 계기가 되었어요.

[인물과 역사 어휘]
- 민족 자결주의: 각 민족은 그 정치적 운명을 스스로 결정하는 권리를 가져야 하며 다른 민족의 간섭은 허용되지 않는다는 주장.
- 유관순: 독립운동가. 18세 때 3·1운동에 참여한 뒤, 고향 천안에서 만세를 외치며 시위하다가 일본 경찰에게 잡혀 감옥에서 고문당하고 사망.

- 3·1운동은 1919년 3월 1일에 일어난 비폭력 만세 운동입니다.

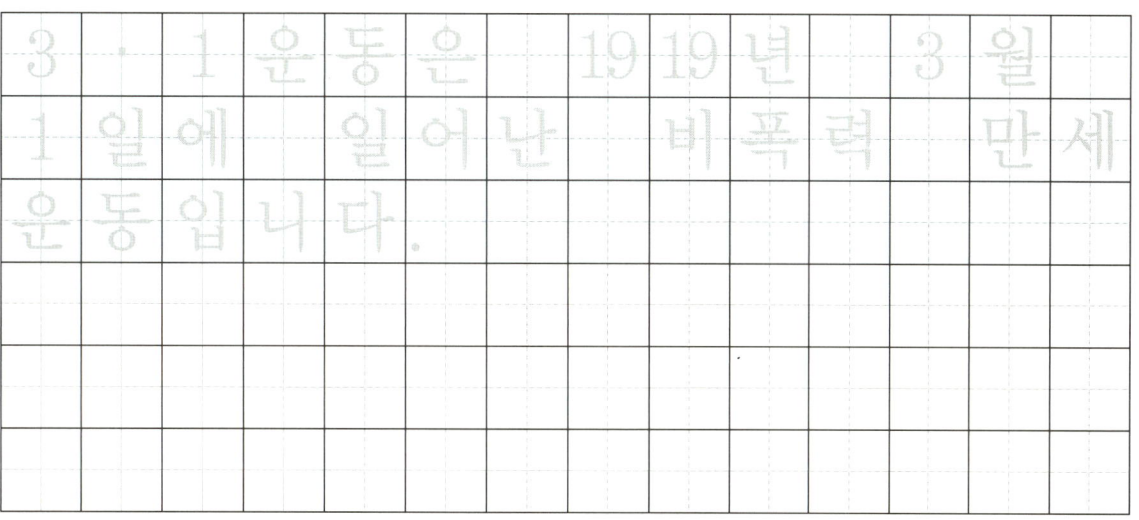

- 민족 대표 33인이 모여서 독립 선언서를 발표했습니다.

- 세계의 이목을 집중시켜 한국 독립운동에 대한 인식을 새롭게 하였습니다.

3·1운동 발생. 상해 임시정부 수립 | 김좌진 청산리대첩. 홍범도 봉오동 전투 | 8·15광복
1919년 | 1920년 | 1945년

50. 독립운동   차시(월   일)

    1910년 일제에 국권을 빼앗긴 때부터 1945년 광복이 되기까지 우리 민족은 우리나라의 독립을 위해 줄기차게 노력했어요. 국내외 각지에서는 빼앗긴 국권을 되찾기 위하여 의병 활동이 이어졌고, 1919년에는 3·1운동의 영향으로 중국 상하이에 대한민국 임시 정부가 세워졌어요. **김좌진** 장군은 1920년에 만주 청산리에서 일본군을 상대로 싸워 크게 이겼고, **윤봉길** 의사는 1932년에 중국 상하이에서 일본군의 중요한 위치에 있는 사람들에게 폭탄을 던져 죽임으로써 우리의 독립 의지를 널리 알렸어요. 그런가 하면 국내에서는 **계몽 운동**을 전개하여 우리말과 글을 지키고 민족정신을 퍼뜨리려는 노력을 기울였어요.

    당시 일본은 성씨를 모두 일본식으로 바꾸게 하였고, 학교에서는 우리말과 글자의 사용을 금하여 민족정신을 없애려고 하였어요. 그러나 일제는 우리 민족의 독립 정신을 끝내 꺾지 못했어요.

[인물과 역사 어휘]
- 김좌진: 한국의 군인. 청산리 전투의 지휘관.
- 윤봉길: 한국의 독립운동가.
- 계몽 운동: 학교 설립, 신문 발행, 교육 등을 통하여 민족 정신을 고무하여 일본으로부터 독립하고자 한 운동.

제주4.3사건, 대한민국 정부 수립 — 1948년 6·25전쟁 발발 — 1950년 휴전 협정 체결 — 1953년

● 우리나라의 독립을 위한 노력이 줄기차게 이어졌어요.

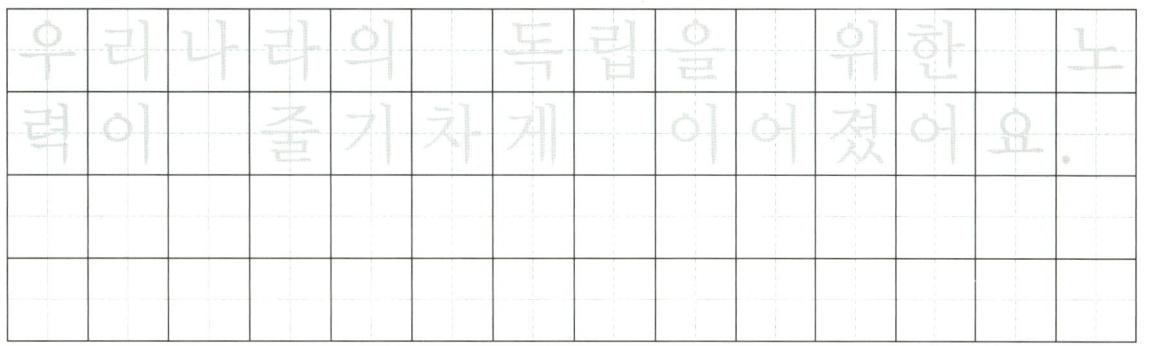

● 윤봉길 의사의 의거는 우리의 독립 의지를 널리 알리는 사건이었어요.

● 일제는 우리 민족의 독립 정신을 끝내 꺾지 못했어요.

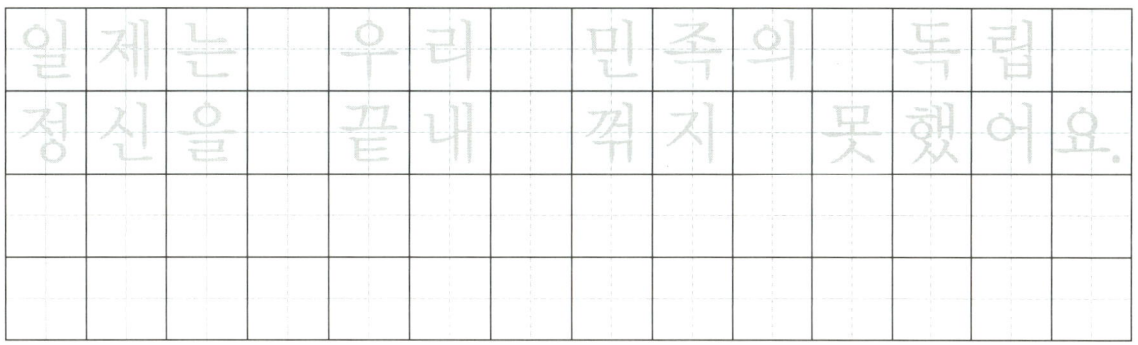

51. 8·15광복

차시(월   일)

　1945년 8월 15일은 우리나라가 일제로부터 주권을 다시 찾아 **광복**˚을 맞은 날이에요. 우리나라는 1910년에 일본에 강제로 나라를 빼앗기고, 이후 35년간 일본의 **식민지**˚로서 큰 고통을 겪었어요.

　일본은 독일, 이탈리아와 함께 **제2차 세계 대전**˚을 일으켜 동남아시아 각 나라를 점령한 뒤, 1941년에 **연합국**˚에 속한 미국의 **진주만**˚을 공습하여 큰 피해를 주었어요. 이 때문에 미국과 일본 사이에 전쟁이 벌어졌죠. 미국이 일본의 히로시마와 나가사키에 **원자 폭탄**˚을 떨어뜨리자, 일본도 더 버티지 못하고 항복을 선언했어요. 일본의 항복과 우리나라의 광복 소식이 퍼져나가자 많은 사람들이 태극기를 들고 거리로 뛰어나와서 "대한 독립 만세!"를 외쳤어요. 정부에서는 이날을 광복절로 기념하고 있어요.

[인물과 역사 어휘]
- 광복: 빼앗긴 주권을 도로 찾음.
- 식민지: 주권을 잃고 남의 나라에 지배된 나라.
- 제2차 세계 대전: 1939년부터 1945년까지 이어진 세계 규모의 전쟁.
- 연합국: 제2차 세계대전 때 추축국과 싸운 여러 나라를 통틀어 이르는 말. 미국, 영국, 프랑스, 중국, 소련 등.
- 진주만: 미국 하와이의 오하우섬에 있는 만. 군사적 목적의 항구로 쓰임.
- 원자 폭탄: 핵분열을 이용한 큰 위력의 폭탄.

- 우리나라는 1945년 8월 15일에 주권을 다시 찾아 광복을 맞이했습니다.

- 우리나라는 1910년부터 35년간 일본의 식민지로서 큰 고통을 겪었어요.

- 광복이 되자 사람들이 태극기를 들고 뛰어나와서 대한 독립 만세를 외쳤습니다.

52. 남과 북의 분열과 6·25전쟁

차시(월   일)

　광복된 후 이 땅의 북쪽에는 소련군, 남쪽에는 미군이 들어왔어요. 이 때문에 우리나라는 남과 북으로 분열되었어요. 또 이듬해에는 미국, 영국, 소련이 참가한 외상 회의에서 미국과 소련의 신탁 통치가 결정되었어요. 신탁 통치는 다른 국가가 대신 나라를 통치하는 걸 말해요. 혼란을 잠재우기 위해서요.

　북쪽에는 이미 소련의 사주를 받는 **김일성** 정권이 들어서서 남쪽의 혼란을 부추기고 있었어요. 그러다가 김일성은 소련과 **중공**의 지원을 받아 6·25전쟁을 일으켰어요. 북한군은 불과 3개월 만에 대구 근처까지 밀고 들어왔어요. 이에 유엔이 우리나라를 지원하면서, 전쟁에 16개의 나라가 참전했어요. 미군과 국군은 북한군의 중간 흐름을 끊는 인천 상륙 작전에 성공하여 서울을 되찾고 북쪽의 압록강 근처까지 진출했지만, 중공군에 밀려 다시 남쪽으로 후퇴했어요. 그리고 약 3년 만인 1953년 7월 27일에 **휴전**이 결정되었어요. 이 전쟁으로 자유 민주주의 세력과 공산주의 세력 간 대립이 더욱 뚜렷해졌어요.

[인물과 역사 어휘]
- 김일성: 북한 정권의 독재자.
- 중공: 중국 공산당.
- 휴전: 전쟁을 쉼.

4·19혁명 발생	5·16군사정권 수립	한일 국교 정상화
1960년	1961년	1965년

- 광복 후 북쪽에는 소련군, 남쪽에는 미군이 들어와 남과 북으로 분열되었어요.

  광복 후 북쪽에는 소련군,
  남쪽에는 미군이 들어와 남
  과 북으로 분열되었어요.

- 김일성은 소련과 중공의 지원을 받아 6·25전쟁을 일으켰습니다.

  김일성은 소련과 중공의 지
  원을 받아 6·25전쟁을 일
  으켰습니다.

- 이 전쟁으로 자유 민주주의 세력과 공산주의 세력 간 대립이 뚜렷해졌어요.

  이 전쟁으로 자유 민주주의
  세력과 공산주의 세력 간
  대립이 뚜렷해졌어요.

53. 4·19혁명

차시(월   일)

　4·19혁명은 1960년 4월 19일에 학생과 시민들이 **이승만** 정부의 부정부패에 대항하여 일으킨 민주 항쟁이에요. 4월 혁명이라고도 해요. 당시 이승만 정부와 자유당이 투표함 바꿔치기 등의 부정 선거를 저지르자 이에 항의하는 시위가 거세졌어요. 그런 가운데 마산에서 시위에 참여한 학생의 시신이 발견되었어요. 그러자 분노한 시민들이 참여하며 시위가 전국으로 확산했어요. 그 결과 마침내 이승만 대통령이 물러나고 미국 하와이로 **망명**했어요.

　이 혁명의 결과로 6월 15일에 **헌법**이 개정되어 제2공화국이 새롭게 시작되었어요. 국회는 참의원과 민의원으로 구성되었고, 대통령은 국회에서 선출되었어요. 이때 선출된 대통령이 윤보선이에요. 그리고 대통령에게 지명된 장면이 국회의 동의를 얻어 국무총리가 되었어요. 4·19혁명은 시민들이 참여한 민주주의가 부패한 정권을 물리친 사건이에요.

[인물과 역사 어휘]
- 이승만: 우리나라 첫 번째 대통령.
- 망명: 외국으로 피함.
- 헌법: 국가의 최고 법률.

한일 국교 정상화	경부고속도로 개통	7.4남북 공동 성명 발표
1965년	1970년	1972년

● 4·19혁명은 1960년 4월 19일에 학생과 시민들이 일으킨 민주 항쟁입니다.

4·19혁명은 1960년 4월 19일에 학생과 시민들이 일으킨 민주 항쟁입니다.

● 이승만 정부의 부정부패와 부정 선거가 원인이었어요.

이승만 정부의 부정부패와 부정 선거가 원인이었어요.

● 시민들이 참여한 민주주의가 부패한 정권을 물리친 사건이에요.

시민들이 참여한 민주주의가 부패한 정권을 물리친 사건이에요.

54. 5·16군사 정변

　5·16군사 정변은 1961년 5월 16일에 박정희 소장과 대한민국 육군 장교들이 일으킨 군사 정변(**쿠데타**)예요. 5·16군사 반란이라고도 해요. 이 사건으로 제2공화국이 무너지고 박정희를 중심으로 하는 **국가 재건 최고 회의**를 통해서 정치를 주도했어요.

　강력한 정치를 통해 국가의 산업이 발전하는 기초를 마련했다는 평가를 받아요. 서울과 부산 사이의 경부선 고속도로가 개통되고, 포항제철이 세워진 것도 이때지요. 그 덕에 산업이 개발되며 한강의 기적이라고 불릴 정도로 빠르게 경제가 성장했어요. 그러나 **계엄령**을 선포하고 국회를 해산시키며 대통령의 권한을 대폭 강화하였고, **유신 헌법**을 만들어 독재를 이어갔어요. 그리고 독재 체제에 반대하는 학생 운동을 탄압하고 개인의 자유와 사회에 대한 비판, 표현의 자유를 억압했죠.

　1979년, 박정희가 김재규의 총격으로 사망하면서 유신 체제는 끝이 납니다. 그러나 전두환, 노태우의 군사정권이 연이어 권력을 잡으면서 군사독재 시기가 약 30년 동안 이어졌어요.

[인물과 역사 어휘]
- 군사 정변(쿠데타): 무력으로 정권을 빼앗는 일.
- 국가 재건 최고 회의: 5.16군사정변 후 입법·행정·사법의 3권을 행사했던 통치기구.
- 계엄령: 국가의 질서 유지를 위해 행정권과 사법권을 군대가 맡아 다스리게 하는 대통령의 명령.
- 유신 헌법: 1972년의 대한민국 제8호 헌법.

경부고속도로 개통　　　7·4남북 공동 성명 발표　　　12·12 군사 반란
1970년　　　　　　　　　1972년　　　　　　　　　　1979년

- 1961년 5월 16일에 박정희 소장 등이 군사 정변(쿠데타)를 일으켰습니다.

1961년 5월 16일에 박정희 소장 등이 군사 정변(쿠데타)를 일으켰습니다.

- 박정희를 중심으로 하는 국가 재건 최고 회의가 정치를 주도했어요.

박정희를 중심으로 하는 국가 재건 최고 회의가 정치를 주도했어요.

- 박정희 정권은 개인과 사회의 자유보다 국가 주도의 산업 개발을 앞세웠습니다.

박정희 정권은 개인과 사회의 자유보다 국가 주도의 산업 개발을 앞세웠습니다.

55. 5·18 민주화 운동과 6월 민주 항쟁   차시(월   일)

　우리나라가 지금과 같은 민주 국가가 되기까지 많은 시민운동이 있었어요. 그 중 대표적인 사건이 5·18 민주화 운동과 6월 민주 항쟁이에요.
　5·18 민주화 운동은 1980년 5월 18일부터 5월 27일까지 전라도 광주 시민과 전라남도 지역 시민들이 전개한 민주화 운동이에요. 민주 정부의 수립과 **신군부** 세력의 퇴진, 계엄령 철폐 등을 요구했어요. 당시 전두환의 신군부가 군대를 동원한 폭압적 수단으로 시위를 진압하여 많은 사람들이 죽었고, 국제적으로도 큰 문제가 되었어요. 6월 민주 항쟁은 1987년 6월에 전국적으로 전개된 대규모 시민 항쟁이에요. 정부가 민주화를 요구하는 시민운동을 강압적으로 탄압하고 학생들을 불법 체포하자 전국에서 반정부 시위가 일어났어요. 결국 시민들의 거센 시위에 정부가 굴복하여 헌법 개헌이 이루어졌어요. 대통령 **간선제**가 **직선제**로 바뀌어 국민이 직접 대통령을 뽑을 수 있게 된 거죠.
　5·18 민주화 운동과 6월 민주 항쟁은 민주주의를 지키기 위해 시민들이 앞장섰던 아주 중요한 사회 운동이에요.

[인물과 역사 어휘]
- **신군부**: 새로이 군권을 장악한 세력. 박정희 군사 정권 이후 전두환, 노태우 등이 소속된 하나회를 중심으로 새롭게 등장한 군사 정부를 지칭함.
- **간선제**: 선출된 투표인에 의하여 간접적으로 대통령을 뽑는 제도.
- **직선제**: 국민이 직접 대통령을 뽑는 제도.

서울올림픽 개최 — 1988년
국제통화기금(IMF)에 구제금융 요청 — 1997년
6.15 남북 공동 선언 발표 — 2000년

● 5·18 민주화 운동은 1980년 5월 18일에 일어난 민주화 운동입니다.

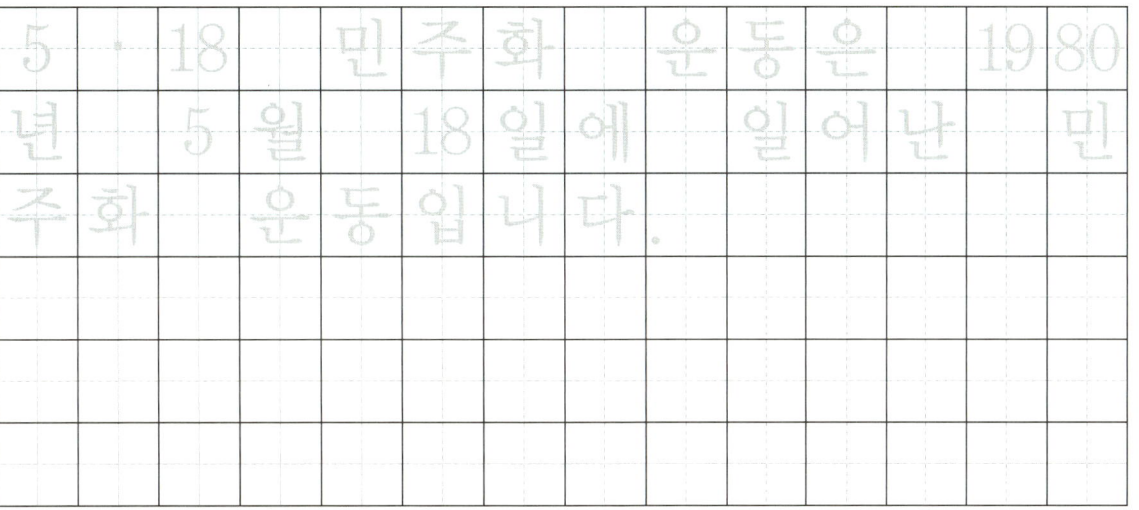

● 1987년 6월 민주 항쟁으로 대통령 간선제가 직선제로 바뀌었습니다.

● 민주주의를 지키기 위해 시민들이 앞장섰던 아주 중요한 사회운동이에요.

| 5·18 광주 민주화 운동 | 6월 민주항쟁 발생 | 서울올림픽 개최 |
| 1980년 | 1987년 | 1988년 |

56. 한국의 발전과 평화통일을 위한 노력 차시(월   일)

　대한민국은 개인의 자유가 확대되고 사회가 민주화되어 **자유 민주주의** 국가로 거듭나게 되었어요. 민주주의의 발전 덕분에 산업과 경제 분야에서도 기업이 자유롭게 의사 결정을 할 수 있게 되었습니다. 덕분에 국가 주도적이던 과거에서 더 나아가 산업과 문화도 새롭게 발전하고 있습니다. 더욱이 반도체, 자동차 등 **첨단 산업**이나 가전, 식품 등 생활과 밀접한 분야도 크게 발전하여 성과를 내고 국가 발전을 이끌었어요. 또한 영화, 드라마, 음악 등을 통한 엔터테인먼트 분야는 우리나라의 **소프트 파워**를 높여 국가 이미지를 향상하는 데 크게 기여하고 있어요. 이러한 발전을 바탕으로 우리나라는 남북 관계를 무력 대결에서 평화적인 관계로 바꾸려고 노력하고 있어요. 평화 통일을 이루어 남북이 자유롭게 왕래할 수 있게 되기를 바랍니다.

[인물과 역사 어휘]
- 자유 민주주의: 자유주의에 입각한 민주주의 사상.
- 첨단 산업: 기술 집약도가 높고, 관련 산업에 미치는 효과가 큰 산업.
- 소프트 파워: 정보과학이나 문화·예술 따위를 앞세워 상대방의 행동을 바꾸거나 저지할 수 있는 힘.

국제통화기금(IMF)에 구제금융 요청	6.15 남북 공동 선언 발표	한강 작가 노벨문학상 수상
1997년	2000년	2024년

● 대한민국은 자유 민주주의 국가로 거듭나게 되었어요.

● 국가 주도적이던 과거에서 더 나아가 산업과 문화도 새롭게 발전하고 있습니다.

● 평화 통일을 이루어 남북이 자유롭게 왕래할 수 있게 되기를 바랍니다.

| 고대~삼국 시대 | | 고려 시대 |

| 알아 두면 쓸모 있는 한국사 상식 |

1. 대한제국, 청나라의 조공국이 아닌 독립국임을 선언하다!

1897년에 조선의 제26대 국왕 고종은 환구단에서 대한제국을 선포하고 자신을 황제로 올리며 죽은 왕후를 높여서 명성황후라고 부르게 했어요. 이후에 고종은 정치, 경제, 군사, 교육 등 다양한 분야에서 근대화를 이루려는 광무개혁을 시행했어요.

☞ 환구단은 1897년 대한제국이 독립국임을 알리고 황제 즉위식을 거행하기 위해 만든 제단이에요. 고종이 하늘에 제사를 지낸 곳이지만, 이후 일본에 의해 철거되었어요.

환구단

2. 하얼빈역의 총소리!

"이 자를 반드시 죽여서 우리나라를 침략한 죄와 동양 평화를 해친 죄를 물어야겠다." 안중근 의사는 동지들과 손가락을 잘라 맹세하였어요. 그리곤 1909년 10월 26일 드디어 그날, 이토 히로부미를 태운 기차가 하얼빈역에 도착하자 품속의 권총을 꺼내 그를 사살했어요.

☞ 안중근은 평안남도 남포에 삼흥학교를 설립하고 돈의학교를 인수하여 교육에 힘쓰다가 1907년 연해주로 떠나 의병 운동에 참여했어요.

안중근 의사

3. 비폭력 3·1운동에 겨눈 총과 칼!

"대한 독립 만세!" 1919년에 일어난 3·1운동은 비폭력 만세 운동이에요. 사람들은 평화적인 방법으로 우리나라의 독립을 외쳤어요. 그럼에도 일본은 경찰과 군대를 동원하여 총과 칼로 사람들을 죽이고, 붙잡아서 고문을 하기도 했어요.

☞ 3·1운동은 손병희를 비롯한 33명의 지도자가 '독립 선언서'를 발표하며 나라의 자유를 외친 민족 독립운동입니다. 전국에서 많은 사람들이 함께 만세를 불렀습니다.

3·1운동

4. 상하이에 임시 정부를 세우다!

3·1운동은 우리나라의 독립 의지가 크다는 것을 세계에 알린 사건이었어요. 3·1운동으로 상하이에서는 대한민국 임시 정부가 세워져서 독립운동의 중심이 되었어요. 우리나라 헌법에서도 "우리 대한국민은 3·1운동으로 건립된 대한민국 임시 정부의 법통을 계승한다."라고 하고 있어요.

☞ 임시 정부는 1919년 4월에 중국 상하이에서 김구, 이승만 등을 중심으로 대한민국의 독립을 위하여 조직되었어요. 광복 때까지 항일 민족 운동의 중심 기관이 되었지요.

임시 정부

5. 6·25전쟁 때 참전한 나라는?

6·25전쟁은 북한군이 남침해서 일으킨 전쟁이에요. 미군과 함께 유엔에서도 16개 나라가 군인들을 보냈어요. 이렇게 전쟁에 참가한 국가는 미국, 영국, 호주, 네덜란드, 캐나다, 프랑스, 뉴질랜드, 필리핀, 튀르키예, 태국, 남아프리카공화국, 그리스, 벨기에, 룩셈부르크, 에티오피아, 콜롬비아예요.

☞ 군대가 아닌 의료를 지원한 나라도 있었어요. 덴마크, 이탈리아, 노르웨이, 스웨덴, 인도, 독일 총 6개 나라예요. 물자를 지원한 나라도 32개나 돼요.

유엔군 초전기념비

6. 세계가 놀라는 경제와 문화 성장을 이룬 나라!

6·25전쟁으로 많은 지역이 폐허로 변한 나라가 70여 년만에 세계 최첨단 기술과 문화를 가진 경제 선진국이 되었어요. 도움이 필요했던 나라가 다른 나라를 도울 수 있는 곳이 된 거예요. 세계적으로도 드문 사례라고 해요. 놀라운 일이죠.

☞ 케이컬처(K-Culture)는 대한민국의 음악, 드라마, 영화, 패션, 음식 등 다양한 문화 요소가 세계적으로 인기를 끌며 형성된 한류 문화 현상을 의미해요.

케이컬처

| 고대 | 삼국시대 | 통일신라 | 발해시대 |

| 한눈에 보는 한국사 연표 |

고대

BC 2333년,   우리나라 최초의 국가 고조선 건국
BC 1000년경, 청동기 문화 시작
BC 300년경,   철기 문화 시작
BC 194 위만, 고조선 망명
BC 108년,   한의 침략, 고조선 멸망

삼국시대

고구려

BC 37년,   고구려 건국(고주몽)
400년,   광개토대왕, 신라에 구원병 출병
414년,   장수왕, 광개토대왕릉비 건립(고구려 전성기)
427년,   평양 천도
475년,   장수왕, 백제 공격(한성 함락)
494년,   부여 정복
598년,   수나라 문제, 고구려 1차 침입
612년,   수나라 양제, 고구려 2차 침입 (을지문덕의 살수대첩)
645년,   당나라 태종, 고구려 침입 (안시성 전투)
668년,   고구려 멸망

백제

BC 18년,   백제 건국(온조)
433년,   백제, 신라 간 나제동맹 성립
498년,   동성왕, 탐라국(제주도) 공격
523년,   성왕 즉위
538년,   사비성 천도
660년,   백제 멸망(황산벌 전투)

신라

BC 57년,   신라 건국(박혁거세)
356년,   내물 마립간 즉위

| 후삼국시대 | 고려시대 | 조선시대 | 대한제국~현대 |

500년,	지증왕 즉위
503년,	국호 '신라' 변경
512년,	우산국(울릉도) 정복
520년,	법흥왕, 율령 반포 및 공복 제정
527년,	법흥왕, 불교 공인. 이차돈의 순교
531년,	법흥왕, 상대등 제도 도입
532년,	금관가야 합병
540년,	진흥왕 즉위(화랑제 실시)
545년,	거칠부, 《국사》 편찬
550년,	단양 적성비 건립
551년,	진흥왕, 백제 성왕과 함께 고구려 침공
553년,	진흥왕, 백제 성왕의 딸을 아내로 맞고 한강 유역 차지
562년,	대가야 정벌
632년,	선덕여왕 즉위(우리나라 최초의 여왕), 첨성대 건립
645년,	황룡사 9층 석탑 완공
648년,	김춘추, 당과 동맹관계 수립
675년,	문무왕, 대당항쟁
676년,	당, 한반도에서 퇴각. 삼국통일 완성

통일신라와 발해시대

682년,	신라 신문왕, 국학 설립
685년,	신라 신문왕, 지방제도 9주 5소경 완성
696년,	신라 설총, 이두 정리
698년,	대조영, 진나라(훗날 발해) 건국
704년,	신라 김대문, 《화랑세기》, 《고승전》 편찬
722년,	신라, 백성에게 '정전' 지급. 납세 지시
727년,	신라 혜초, 인도 성지순례기 《왕오천축국전》 편찬
751년,	신라 김대성, 불국사, 석굴암 건립
771년,	신라 성덕대왕 신종(에밀레종) 제작
785년,	신라 내물왕계의 원성왕 즉위
788년,	신라 독서삼품과 실시(우리나라 최초의 관리 채용 시험)
822년,	신라 김헌창의 난 발발
828년,	신라 장보고, 청해진 설치
846년,	신라 장보고, 자객에게 암살됨
874년,	신라 최치원, 당나라에서 과거 급제
888년,	신라 향가집, 《삼대목》 편찬
889년,	신라 진성여왕의 폭정으로 전국적 농민반란 발발

고대　　　　　삼국시대　　　　통일신라　　　　발해시대

후삼국시대

892년,	견훤, 완산주에서 반란
894년,	신라 최치원, 진성여왕에게 시무10조 상소
900년,	견훤, 완산주에서 후백제 건국
901년,	궁예, 송악에서 후고구려 건국
903년,	왕건, 금성(나주) 외 10여성 공략
905년,	궁예, 철원 천도. 국호 변경 (마진)
911년,	궁예, 국호 변경 (태봉)
918년,	후고구려, 궁예 사망. 왕건 즉위. 국호 변경 (고려)
919년,	고려, 송악 천도. 평양성 축조
926년,	발해, 거란 침공으로 멸망
934년,	발해 세자 대광현, 고려에 투항
935년,	신라 경순왕, 왕건에게 항복
936년,	후백제 멸망. 고려의 후삼국 통일

고려시대

918년,	왕건 즉위. 고려 건국
956년,	광종, 노비안검법 시행
958년,	과거제도 시행
992년,	국자감(국립대학) 설치
1007년,	월정사 팔각구층석탑 건립
1009년,	강조의 정변
1010년,	요나라 2차 침입
1019년,	강감찬의 귀주 대첩
1032년,	《고려실록》 편찬 시작
1033년,	천리장성 축조 시작(1044년 완공)
1049년,	동서 대비원 설치
1076년,	경정전시과 실시
1090년,	속장경 조판 시작(1096년 완성)
1095년,	숙종 즉위
1104년,	별무반 창설
1107년,	윤관, 여진 정벌. 9성 축조
1112년,	혜민국 설치
1119년,	양현고(장학재단) 설치
1126년,	이자겸의 난 발발
1135년,	묘청, 서경천도 운동

| 후삼국시대 | 고려시대 | 조선시대 | 대한제국~현대 |

1145년,	김부식, 《삼국사기》 완성
1170년,	무신의 난 발발
1176년,	망이·망소이의 난 발발
1193년,	김사미의 난, 효심의 난 발발
1196년,	최충헌, 이의민 제거 후 정권 찬탈
1198년,	만적의 난 발발
1219년,	최충헌 사후 최우 집권
1225년,	최우, 정방(인사 행정 기구) 설치. 몽고사신 저고여 피살
1231년,	몽고 1차 침입
1232년,	몽고 2차 침입. 강화도 천도
1236년,	팔만대장경 판각 시작(1251년 완성)
1258년,	최의 피살 후 최씨 정권 몰락. 몽고, 쌍성총관부 설치
1270년,	몽고, 동녕부 설치(개경 환도). 배중손, 삼별초와 함께 대몽항쟁
1273년,	제주도에 탐라총관부 설치
1280년,	정동행성 설치
1281년,	일연, 《삼국유사》 완성
1289년,	안향, 원나라에서 주자서를 옮겨 귀국
1351년,	공민왕 즉위, 개혁정책 시작(쌍성총관부 공격, 반원친명정책, 전민변정도감 설치)
1359년,	홍건적의 1차 침입
1361년,	홍건적의 2차 침입
1363년,	문익점, 원나라에서 목화씨 반입
1377년,	화통도감 설치(최무선 건의) 청주 흥덕사에서 《직지심경》 간행
1380년,	이성계의 황산 대첩. 최무선의 진포 대첩
1388년,	이성계, 위화도 회군
1389년,	박위, 대마도 정벌
1391년,	과전법 실시
1392년,	정몽주, 선죽교에서 피살. 공양왕 폐위, 고려 멸망

조선시대

1392년,	조선 건국
1394년,	한양 천도
1398년,	제1차 왕자의 난 발발
1400년,	제2차 왕자의 난 발발
1418년,	세종대왕 즉위
1419년,	대마도 정벌
1441년,	측우기 제작

| 고대 | 삼국시대 | 통일신라 | 발해시대 |

1443년,   훈민정음 창제
1446년,   훈민정음 반포
1453년,   계유정난 발발
1498년,   무오사화 발발
1504년,   갑자사화 발발
1506년,   중종, 연산군 폐위
1510년,   삼포왜란 발발
1519년,   기묘사화 발발
1575년,   동인과 서인으로 당파 분열. 붕당 정치 시작
1589년,   기축옥사 발발
1592년,   임진왜란 발발. 한산도 대첩
1593년,   행주 대첩
1597년,   명량 해전
1598년,   노량 해전, 이순신 전사
1608년,   광해군 즉위
1608년,   경기도에서 대동법 실시
1610년,   허준《동의보감》편찬
1623년,   인조반정 발발
1624년,   이괄의 난 발발
1627년,   정묘호란(후금) 발발
1636년,   병자호란(청나라) 발발
1649년,   효종 즉위. 북벌정책 추진
1659년,   제1차 예송논쟁
1674년,   제2차 예송논쟁
1678년,   상평통보 발행
1712년,   백두산정계비 건립
1722년,   임인옥사 발생
1725년,   영조, 탕평책 시행
1728년,   이인좌의 난 발발
1776년,   정조 즉위
1785년,   천주교 금지령 실시
1796년,   화성 완공
1801년,   신유박해 발생
1811년,   홍경래의 난 발발
1860년,   최제우, 동학 창시
1863년,   고종 즉위. 흥선대원군 집권
1866년,   병인양요, 제너럴셔먼호 사건 발생
1871년,   신미양요 발발. 전국에 척화비 건립
1875년,   운요호 사건 발생

1876년,	조일수호조규 체결
1880년,	일본에 수신사 파견
1882년,	임오군란 발생. 일본과 제물포조약 체결
1884년,	갑신정변 발생
1894년,	동학 농민 운동, 갑오개혁, 청일전쟁 발발
1895년,	을미사변 발생
1896년,	고종, 아관 파천. 독립 협회 결성

대한제국~현대

1897년,	대한제국 출범
1898년,	만민 공동회 개최
1905년,	을사조약 체결
1907년,	헤이그에 밀사 파견. 국채 보상 운동 전개
1909년,	안중근 의사, 이토 히로부미 사살
1910년,	일제의 조선 강제 합병
1919년,	3·1운동 발생. 상해 임시정부 수립
1920년,	김좌진 청산리대첩. 홍범도 봉오동 전투
1945년,	8·15광복
1948년,	제주4·3사건. 대한민국 정부 수립
1950년,	6·25전쟁 발발
1953년,	휴전 협정 체결
1960년,	4·19혁명 발생
1961년,	5·16군사정권 수립
1965년,	한일 국교 정상화
1970년,	경부고속도로 개통
1972년,	7·4남북 공동 성명 발표
1979년,	12·12 군사 반란
1980년,	5·18 광주 민주화 운동
1987년,	6월 민주항쟁 발생
1988년,	서울 올림픽 개최
1997년,	국제통화기금(IMF)에 구제금융 요청
2000년,	6·15 남북 공동 선언 발표
2024년,	한강 작가 노벨문학상 수상

초등 한국사 경필쓰기

초판 1쇄 인쇄 : 2025년 7월 7일
초판 1쇄 발행 : 2025년 7월 21일

글쓴이 : 한문희
그 림 : 이윤정
기 획 : 바글바독연구회(바른글바른독서연구회)
펴낸이 : 신재성
펴낸곳 : 도서출판 함께

편 집 : 임정희
디자인 : 디자인아프리카
마케팅 : 박현렬

커뮤니티 : edu.dreamlib.co.kr
email : together@dreamingkite.com
대표전화 : 02-6083-9231
전 화 : 02-6083-9239 | 팩스 : 02-6083-9236
영업문의 : 02-6083-9235 (대량구매)
주 소 : 서울특별시 강남대로12길 23-4 동방빌딩 301호
출판신고번호 : 제2015-000156호
ISBN : 979-11-966003-1-0(73910)

* 이 책은 함께가 저작권자와의 계약에 따라 발행한 것이므로 내용의 일부 또는 전부를 이용하려면 반드시 함께에 서면 동의를 받아야 합니다.
* 책값은 뒷표지에 있습니다.
* 잘못된 책은 구입하신 곳에서 교환해 드립니다.